U0895160

不抱怨的世界

修订本

A Complaint Free World

[美] 威尔·鲍温（Will Bowen）/著　陈敬旻　李磊/译

CNS PUBLISHING & MEDIA 中南出版传媒 | 湖南文艺出版社
HUNAN LITERATURE AND ART PUBLISHING HOUSE

图书在版编目（CIP）数据

不抱怨的世界 /（美）鲍温（Bowen，W.）著；陈敬旻，李磊译. — 修订本.
— 长沙：湖南文艺出版社，2014.4
书名原文：A complaint free world: how to stop complaining and
start enjoying the life you always wanted
ISBN 978-7-5404-6653-4

Ⅰ. ①不… Ⅱ. ①鲍… ②陈… ③李… Ⅲ. ①成功心理—通俗读物 Ⅳ. ①B848.4-49

中国版本图书馆CIP数据核字（2014）第050170号

著作权合同登记号：图字18-2013-213

上架建议：成功心理·通俗读物

不抱怨的世界

作　　者：（美）威尔·鲍温
译　　者：陈敬旻　李　磊
出 版 人：刘清华
责任编辑：薛　健　刘诗哲
监　　制：蔡明菲　潘　良
特约编辑：汪　璐
营销编辑：刘碧思　尤艺潼
版权支持：辛　艳
封面设计：张丽娜
版式设计：利　锐
出版发行：湖南文艺出版社
（长沙市雨花区东二环一段508号　邮编：410014）
网　　址：www.hnwy.net
印　　刷：北京鹏润伟业印刷有限公司
经　　销：新华书店
开　　本：880mm × 1230mm　1/32
字　　数：172 千字
印　　张：7
版　　次：2014年4月第1版
印　　次：2017年3月第6次印刷
书　　号：ISBN 978-7-5404-6653-4
定　　价：29.80 元

质量监督电话：010-59096394
团购电话：010-59320018

目 录
CONTENTS

不 抱 怨 的 世 界

“紫色？！”

献词

谨以本书献给我亲爱的女儿莉亚，以及她的子孙后代；

未来，他们将会生活在一个没有抱怨、更加快乐幸福的世界。

序　言

“不抱怨的世界”有一个美好的愿景，那就是与全世界六千万人——世界百分之一的人口——分享不抱怨手环。如果我们能够转变世界上百分之一的人，改变他们的生活态度，使他们变得更加积极乐观，就定能在其周围人中产生连锁反应，那么最终我们就能够提升世界上所有人的意识。

截至本书出版，我们已寄送出一千多万只手环了。

在我们即将寄出第六百万只手环、到达这一里程碑时刻前，我自己亲身体验到了如何通过一心一意的投入、锲而不舍的努力将梦想转变为现实。“不抱怨的世界”的董事会想要将世界上第六百万只不抱怨手环，献给某个给予我们宝贵灵感、本人言行切实体现不抱怨的生活方式的人。经过简短的讨论，大家一致同意将这只极具纪念价值的手环献给美国前桂冠诗人、奥普拉·温弗瑞（Oprah Winfrey）的导师——马娅·安杰卢博士（Dr. Maya Angelou）。

在开始“不抱怨的世界”活动之初，我们引用了安杰卢博士的名言作为我们的座右铭：“如果你看不惯某种东西，那就改变它。如果你无法改变它，那就改变你自己的态度。不要抱怨。”

“抱怨只能让恃强凌弱的浑蛋意识到自己附近住着一个弱者。”

——马娅·安杰卢

问题是，我们中没有任何人认识安杰卢博士！我们做了些调查，发现此前许多作家或公益人士都试图与她取得联系，但均以失败告终；并且，出版商和代理商也帮不上任何忙。

这时，我们本可以放弃这个想法，或者至少开始想一个后备方案。但是我们不服输。我开始对人们说，我打算亲自将第六百万只不抱怨手环颁发给马娅·安杰卢博士。许多人听到后问我："你想通过什么途径去认识她呢？"对此，我只能坦陈："我并不知道。"

"那么，你要怎么才能见到她并把手环给她呢？"

对此，我还是只能坦诚相告："我也不知道该怎么办。但我肯定能见到她并把手环送给她。"

闲暇时，我在脑海中不停地想象与安杰卢博士会面的情形。我曾经在电视上看到她于1993年在克林顿总统就职典礼上朗诵诗歌《清晨的脉搏》（On the Pulse of Morning）。我知道她是奥普拉·温弗瑞的一位导师，我知道她是著名的作家以及教育家；但是，我并不认识她，并且我身边的人也都不认识她。然而，每当有人问起我"不抱怨的世界"活动进展如何时，我都会热情洋溢地告诉他们，我们即将达到六千万手环这一目标的百分之十；并且我会告诉他们，我要把这第六百万只手环献给马娅·安杰卢博士。

在一个会议上，我与一位老朋友不期而遇，我告诉她我的这个目标。她并没有问我是怎么知道安杰卢博士的，她也没有问我打算如何认识安杰卢博士并把手环献给她；相反，她只是在我们擦身而过的瞬间淡淡地笑着，对我说："代我向她问好。"

我急忙扭过头来，几乎都要大喊出来："你认识安杰卢博士？"

"她到我们这里做讲座时，我曾经和她打过交道。我现在还和她的侄女保持联系。"她回答说。

于是，我向她和盘托出，讲述了我们试图联系安杰卢博士，以及我们的努力如何一次次遭遇挫折。

"我可以试着帮帮你们，但我可不保证一定能成功。"她说。

正如你接下来看到的那样，我后来不仅见到了安杰卢博士，并且，我们相见甚欢，在她位于北卡罗来纳州温斯顿-塞勒姆的家中畅聊了整个下午。

这是怎么做到的？

管他呢！

我们仅仅是做出了一个决定，这决定看上去远远超出我们的能力所及，但我们绝不放弃这个想法。我们把它看作一个板上钉钉的事情，然后它就真的实现了。

我并不仅仅是抱有会见安杰卢博士、把手环献给她的美好愿望，而且还向身边的人们大胆表达了我的这一愿望，并告诉他们：这个愿望"会"（而不是"可能会"）实现。

在安杰卢博士家中，我们讨论了不抱怨的世界的美好愿景。我告诉她，我献给她的这只手环象征着：至此为止，我们的目标已经实现了十分之一。并且，我问她，在她看来，当我们达到六千万只手环这一目标后，世界会变成一个怎样不同的世界？她说：

> 当世界上有百分之一的人不再抱怨时，我认为世界会变成什么样呢？

爱因斯坦曾经说过："即使是天才，也仅仅使用了大脑机能的百分之十八。"而我们大部分人都只使用了大脑机能的百分之五、六或七而已。

如果那时（达到六千万只手环这一目标时）我们还活着，不仅活着，还能展望未来，并且有足够的勇气互相关心，有足够的勇气爱别人，想象一下：如果地球上六十亿人中，有百分之一的人不再抱怨，我们那时会怎样。

会发生些什么呢？

让我来告诉你一件事，我相信到时候这个世界上就不会再有战争，甚至是没有"战争"这个词。

可能人们会说："战争？你的意思是仅仅因为别人与我意见不合我就要杀了他？哈哈！我可不这么认为！"

想象一下吧，人们之间的对话会更加温和有礼。礼貌这种美德重新回到千家万户，回到起居室、卧室、儿童房以及厨房。

如果世界上有百分之一的人不抱怨，我们会更加关爱我们的孩子，并且意识到所有的孩子都是我们自己的孩子，不论其肤色是黑是白，不论其相貌是美是丑，是日本人还是犹太人。所有的孩子都是我们自己的孩子。

如果世界上有百分之一的人不抱怨，我们就不会再为我们自己的过错而责怪别人，也不会再因为认定别人犯了错误而对他们怀恨在心。

想象一下，我们会更加频繁地欢笑，更加勇敢地互相接触、接近，那简直就是通往天堂的开端。而现在，这种改变就发生在我们的身边。

向马娅·安杰卢博士颁发世界上第六百万只不抱怨手环

简　介

真诚的分享

我是内布拉斯加州奥马哈西北高中的一名高二学生。昨天，我们学校发生了一起枪击案。我和其他一些同学想试试你的二十一天不抱怨法。你能寄给我五只手环吗？

——匿名

如果你看不惯某种东西，那就改变它。

如果你无法改变它，那就改变你自己的态度。

不要抱怨。

——马娅·安杰卢

让生活变得更美好的秘诀，其实就掌握在你自己的手中。

差不多五年前，我打下了上面这行字。但现在，我比以往任何时候都对此更加确信。过去的五年里，世界上一百零六个国家的一千多万人践行了不抱怨的生活理念，从而改变了自己的家庭、工作、教会、学校；并且，更重要的是，他们改变了自己的人生。

其实，他们使用的方法很简单，只不过是戴上一只紫色的橡胶手环，抱怨的时候就把手环从一只手换到另一只手，直到他们能够做到连续二十一天不抱怨、不批评、不讲闲话。如此一来，他们就形成了一个新的习惯。他们逐渐注意自己的言语，并且有意识地改变它们，进而改变了自己的思想，并打造出崭新的人生。

2006年，担任密苏里州堪萨斯市基督教会联盟主任牧师期间，我做了一系列关于爱妲温・甘妮斯（Edwene Gaines）《繁荣的四大心灵法则》（*The Four Spiritual Laws of Prosperity*）一书的专题讲座。在这本书中，她指出，大部分人都声称想要过上富足的生活，但是他们把大把的时间花费在抱怨自己已然拥有之物上。如此，他们不仅无法过上富足的生活，甚至会适得其反。

抱怨从来不会吸引、带来那些你想要的东西；相反，抱怨会使你永远摆脱不掉那些你不想要的东西。著名作家韦恩・戴尔（Wayne Dyer）曾经说过："如果你并不喜欢某样自己已然拥有的事物，何苦想要更多呢？"通往富足生活的第一步，就是对你已经获得的东西心存感恩——我们不可能同时对某样东西既心怀感恩又不停抱怨。

> "如果你并不喜欢某样自己已然拥有的事物，何苦想要更多呢？"
>
> ——韦恩・戴尔博士

自本书首版发行以来，许多东西发生了变化。现在，一千多万只手环已经送到了世界上一百零六个不同国家和地区的人们手中。

我曾经登上《奥普拉脱口秀》、美国广播公司（ABC）《晚间新闻》、美国全国广播公司（NBC）《今日秀》（两次）、哥伦比亚广播公司（CBS）《周日早间新闻》、福克斯新闻频道、《奥兹博士广播秀》、美国全国公共广播等多个电视、广播节目，并被上百份报纸、广播、电视报道。说实话，过去几年间，我平均每周要接受三家来自世界不同地区的媒体采访。

《新闻周刊》《心灵鸡汤》《华尔街日报》《人物》《奥普拉杂志》《悦己SELF》《时尚·好管家》……不计其数的书籍、报纸、杂志曾经刊登报道过不抱怨的生活方式。

斯蒂芬·科尔伯特（Steven Colbert）在其脱口秀《科尔伯特报告》中对我进行了采访。丹尼斯·米勒（Dennis Miller）曾以典型的米勒式戏讽法，对不抱怨手环大发“抱怨”，戏称自己不喜欢手环的颜色。在《60分钟》节目中，安迪·鲁尼（Andy Rooney）曾幽默地表示：“倘若这家伙（也就是本书作者我）成功了的话，那我可就得失业了。”

奥普拉·温弗瑞曾让她的化妆师戴上我们的手环，挑战连续二十一天不抱怨。她个人主办的《奥普拉杂志》南非版曾向读者派发了五万只不抱怨手环。

美国国会曾两次受理相关法案，考虑将感恩节的前一天定为全美国的“不抱怨的周三”。尽管相关的国家公告尚未获得批准（我们相信最终一定会获得批准的），美国几十个大大小小的城市都已设立了“不抱怨的周三”，希望每年人们在感恩节这一全国性的感恩日前，都能度过不抱怨的一天。

我们还研发制作了一个免费的学校课程，世界各地的老师们都下载、应用这个课程来改变他们的学生以及学校。有些公司采纳、推广了不抱怨的生活哲学，即使在大萧条后最严重的经济颓势中，他们员工的职业道德以及公司的收益也保持着良好的增长态势。我们现在还有一个“不抱怨的组织”项目，也是可以从我们的网站上免费下载的。现在，大大小小的公司、民间团体和各种各样的组织都在其内部采用推广了这个项目。

"高贵并不在于比其他人优越多少；真正的高贵在于比从前的自己优秀。"

——印度教箴言

有着不同信仰的教会也都组织开展了"不抱怨的生活"系列讲座和课程。最近，我在一个外地城市的一家印度餐馆就餐，发现这家餐厅里所有的员工都戴着我们的不抱怨手环。我问服务员他们是从哪里拿到的手环，他回答道："是我们的印度教寺庙发给我们的。"为了这些有宗教信仰的人，我们开发了一个名为"不抱怨的教会"的项目，放在我们的网站上供免费下载。

过去几年来，我平均每年给超过四千人做十到十五场讲座。我曾经有幸在不同的会议、集会、财富二十强企业、软件公司、直销公司、汽车厂、著名会计事务所、州际校园心理协会、政府机构、公用事业公司、医院、银行等许许多多的场合、公司、机构做主题发言。

过去十二个月间，我曾三次来到中国，向众多听众讲述抱怨的危害、抱怨的原因以及如何才能做到不抱怨。本书的首版荣居中国2009年畅销书首位，而且是中国2010年第二大畅销书。

我们还制作了一个电脑插件，供读者从我们的网站免费下载。该插件不会猎取你个人或者电脑中的任何信息，也不会在你的电脑中秘密安装任何间谍软件。它只是电脑桌面上的一个小插件，提醒你正处于二十一天不抱怨计划的哪一天。并且，我每天都会写一小段话，通过该电脑插件传递给你，帮助你集中注意力，鼓励你坚持下去。

早先，当不抱怨的世界这一观点刚刚开始发展壮大时，志愿者们自发组织帮忙包装、寄送不抱怨手环。很多人贡献了自己的每个周六来帮忙寄送手环。到了夏天，听说了不抱怨的世界这一活动的人们从各地乘飞机来到堪萨斯市，将自己的整个假期贡献给手环的包装寄送工作。每周，上万只手环寄往世界各地；每周，人们对手环的需求量都在增加。

一开始，大家对不抱怨的理念的热情令所有人目瞪口呆、振奋不已。后来，我们渐渐发现这种热情不仅不会随着时间的流逝而磨灭，相反，热情还在持续高涨。这时，我们向所有的志愿者表达了谢意，他们也欣慰地松了口气，并搬进专门的车间进行手环的包装寄送；后来，我们还专门雇了一个人处理来自世界各地的手环需求信息。

她是我们唯一的雇员。其他所有的工作都是由志愿者们完成的。

此外，我还想顺便说一句，如果你一直以来都对我们的不抱怨运动比较了解，那么你可能已经注意到了，差不多三年前，我们将手环由免费赠送并要求捐款的这种方式改为付费购买。这是因为实在有太多人想要索取不抱怨的手环（登上《奥普拉脱口秀》后，二十四小时内，我们就收到了两百万条手环需求信息），我们没有足够的钱来购买以及寄送手环——因为差不多百分之九十八的人只有在收到手环后才会捐款，而我们并没有预付款用以购买以及邮寄手环（邮寄是我们最大的开销）。所以，我们不得不转为销售手环。

我们注意到，大部分人都会订购十只手环，因此我们十只手环定价为十美元。作为一个免税的非营利组织，我们现在仍旧接受捐款（捐款不会落到我个人的腰包里），并且我们很庆幸现在仍有捐款持续打进我们的账户——我们对此深表感激。

人们最常问我的一个问题就是：“一开始的时候，你有没有想到过不抱怨的世界会变成一个这么大规模的运动？”

我的答案是："没有。"

我最近接受了一本期刊的访问，该期刊因为鼓励作家提高写作水平、找到著作代理商、发表作品而备受赞誉。采访者问我："那么，你能不能告诉读者们，他们该怎么做才能像你一样发动一场全世界规模的运动？"听到这个问题后，我不禁大笑。

好不容易平静下来以后，我回答道："我不知道该怎么做。"

我承认，当我们在2006年7月23日发出第一批二百五十只手环时，我说过："我们会创造一个不抱怨的连锁反应，最终影响整个世界。"但是，人们总是会说点大话的。出于自尊，我当然愿意相信完全是我个人信念的力量带来了这样的结果。但是，事情绝非如此简单。

一个发源于密苏里州堪萨斯市的简单想法何以冲击世界各地的每个角落，并且为何在五年后的今天，影响力仍持续不减？

为什么，仅仅几个月内我们在Facebook（社交网络）上的粉丝数就从零增长到了目前的2.5万，并且每天仍在持续增长？

为什么，谷歌快讯不断涌入，告诉我们，人们在组成小组或者读书会，鼓励彼此掌握不抱怨的生活方式？

为什么，在不抱怨的世界这一理念提出五年后，人们仍能注意到它，并且用我根本不认得的语言每天发出十几二十条相关微博呢？

我曾经仔细思考过这些问题，并且确信自己已经找到了问题的答案。答案就是本书以及整个不抱怨运动的核心观念。不抱怨运动之所以能在全球范围内产生持续、广泛的影响，原因有两条：

1. 这个世界上的抱怨实在是太多了。

2. 我们并不想要这样的世界。

我认为，以上两点是相互关联、相辅相成的。我们的诸多抱怨表明，我们总是太关注世界上不对劲的事物，不断提醒着自己世界上存在各种各样的问题。

我们沉溺于这些不对劲的事物。我们对此抱怨不已，因而也就使自己的关注点一直放在这些问题上。与流行的理论相反，抱怨并不能帮助你解决问题，反而会具象化我们遇到的挑战，让我们为自己的不作为找借口。

目前，整个世界都太关注事物的消极面。抱怨就像是笼罩在天空上的乌云，它令我们看不到阳光，找不到解决问题的光明和希望。

在你继续阅读本书之前，请允许我提醒你，阅读本书会让你注意到事物的消极面和生活中的抱怨。事实上，那种感觉就像是有人将你世界中抱怨的声音音量调大。然而，一旦你注意到了它们，你就可以自主决定是否要参与其中了。

在我小时候，身边几乎所有人都抽烟。我现在还清晰地记得，我到儿科医生那里检查哮喘时，老大夫卡索斯把听诊器放在我的胸口，喘息着说："深呼吸。"他之所以喘息，是因为他总是在唇边叼着一根烟。

当年，大部分人（甚至包括治疗儿童哮喘的医生在内）都抽烟。所有人都抽烟，所有的东西都有烟味：人们的衣服、头发、口气、房屋、家具、汽车、办公室、电影院及许多其他地方。但是，因为我们对此习以为常，所以没人注意到那些烟味。现在，美国的公共场合几乎全部都禁止吸烟。如果这时你来到一个仍可以在任何公共场所随便吸烟的国度，你会注意到所有的地方都弥漫着一股刺鼻、有害的烟味。然而，就像几十年前的美国人一样，这些国家的人根本注意不到空气中的烟味。

在你训练自己不抱怨的过程中，你会开始注意到，人们（包括你自己）的处世态度及对事物的评论往往都很消极。其实，这种消极性是一直都存在的，只不过现在你可能第一次意识到它的存在。抱怨就像是烟味，它无时无刻不笼罩着你，只不过现在你才注意到它而已。

> **“牢骚和抱怨是没有灵魂、才智低下者的最明确的症状。”**
>
> **——杰弗里勋爵（Lord Jeffrey）**

看所谓的“新闻”时，你会注意到我们是多么迷恋于消极的事物。

几年前，我应邀来到加拿大一个经济欠发达城市，对当地居民发表演讲。演讲当天，我与该市市长以及地方名流一起共进午餐，该市地方报纸的发行人也在场。席间，我们讨论了思考、说话积极乐观的重要性。之后，报纸发行人俯过身来，怯生生地偷偷跟我说：“威尔，我不得不承认，如果我们报纸的头条上写的是‘危机！’，那么这份报纸的销量会是那些头条上写有‘好消息！’的报纸的十倍。”

我让他不必对此心怀愧疚。人们选择购买哪份报纸跟他并没有什么关系。他以及其他媒体工作人员只是找到了一种迎合读者消极偏见的方法而已。我们就是想要知道那些不对的、不好的事情，并且是从好的出发点去刻意寻求这些不对、不好的消息。在书中我会对此详细阐释。

我认识一个人，他一天二十四小时都在收看美国有线电视新闻广播网（CNN）的节目。这可一点都没有夸张：他睡觉的时候都开着电视，在电视节目的喧嚣中睡去。而他也是我认识的所有人中最忧虑、最消极的人之一。

就我个人而言，许多年前我就决定不再收看、阅读或者收听所谓的“新闻”了。因为我们接收到的根本不是新闻。畅销书作家埃斯特·希克斯（Esther Hicks）曾经说道，如果新闻能忠实反映每天发生的事件，那么一个三十分钟的新闻节目中，好消息应该能占到二十九分五十九秒，而坏消息只能够在一秒的时间内一闪而过。我们所谓的“新闻”，其实更应该说是“不好的新闻”。所以，我鼓励大家在追求不抱怨的旅途中不再收看、收听或阅读这些坏消息。

你不必担心自己会错过重要的事情。如果发生了某件大事，总归会有人告诉你的。一代巨星迈克尔·杰克逊（Michael Jackson）去世那天，我在坦桑尼亚的姆万扎市。我清早去献血的时候，血站负责人过来告诉我说杰克逊已经死了。即使我身处世界的另一个半球，都会有人跑来告诉我某些重要的事情；而那些不好的事情，人们更是会想方设法让你知道。

你应该把你的头脑想象成一个花园。在《结果的法则》（*As a Man Thinketh*）一书中，詹姆斯·艾伦（James Allen）就此有过如下一番妙论：

> 人的头脑就像是一个花园，你可以仔细呵护培育它，也可以任它自生自灭。不管你对它是细心呵护还是放任自流，花园里都一定会长点什么东西。如果不播下有益的种子，那么那些没用的种子就会在花园里生根发芽，并且生长出更多没用的东西。

消极的思想就像我们通过抱怨播撒在这个世界上的种子。它们会生根发芽，生出更多的消极因素。因此，你要保护、守卫自己的思想，让自己的思想免受消极观念以及所谓“新闻”的影响。并且，从现在开始，不要再做出抨击性的批评；相反，提些建设性的意见吧。

思想创造生活，语言表明思想。

消极的思想就像我们通过抱怨播撒在这个世界上的种子。它们会生根发芽，生出更多的消极因素。

世界正在觉醒，人们逐渐意识到还有另一种不同的、全新的存在方式和生存层面。而这种改变的第一步就是不再抱怨，不再把精力耗费在喋喋不休地谈论那些错误的事情上。

思想创造生活，语言表明思想。如果你从本书中得不到其他的帮助，那请至少记住这句话，它能改变你的生活。

每时每刻，你都在用你最关注的想法创造着自己的生活。

你可能已经观看过朗达·拜恩（Rhonda Byrne）的大片《秘密》（*The Secret*）或者阅读过同名畅销书。其中，所谓的秘密就是：我们的想法决定我们的行为，我们自己的世界反映我们的想法并据此进行改变。

《秘密》一书引发了世界各地人们的共鸣。在我看来，这一理论更像是对哲学家厄尔·南丁格尔（Earl Nightingale）的理论的现代版复述。1956年，南丁格尔发表了一段名为“最奇妙的秘密”（The Strangest Secret）的录音，其中他说道，在拿破仑·希尔（Napoleon Hill）《思考致富》（*Think and Grow Rich*）一书的启发下，他写出了《最奇妙的秘密》一书。而希尔本人则是受到了安德鲁·卡内基（Andrew Carnegie）、亨利·福特（Henry Ford）等人的启发。所以说，拜恩的理念可一点都不新鲜。尽管现在这一理念受到世界各地人们的广泛认同，但其实，千百年来，千百位伟大的哲学家和心灵导师都曾经告诉过我们这个“秘密”：

“照你的信心，给你成全了。”

——耶稣，《马太福音》8：13

“宇宙即变化；我们的人生由我们的想法创造。”

——罗马皇帝奥勒留（Marcus Aurelius）

“诸法皆以心前导，心是主宰，诸法唯心造。”

——佛教箴言

“改变想法就能改变世界。”

——心理学家皮尔（Norman Vincent Peale）

“你是今天的思想所造就的模样，也将被明天的思想牵引着向前走。”

——作家詹姆斯·艾伦

“我们会成为自己想象、思考的东西。”

——哲学家厄尔·南丁格尔

“道德文化的最高层次，就是当我们察觉自己应该控制思想之时。”

——达尔文（Charles Darwin）

“为什么我们就是命运的主人、灵魂的统帅呢？因为我们有控制自己思想的力量。”

——孟塔培（Alfred A. Montapert）

所言决定所行。我们的话表明我们的想法，我们的想法又创造了我们的生活。如果你愿意改变自己的话语，那么你的生活也会随之发生变化。

人的积极、消极程度各不相同。我曾经与世界各地千百万人交谈过，但是从来没有人过来跟我说：“我绝对是你见过的最消极的人。”事实上，人们好像有个盲点，格外容易忽视自己的消极或悲观的情绪、言行。别人能够觉察到他们言语中的悲观成分，但是他们自己觉察不到。他们可能经常发牢骚——在完成二十一天不抱怨的挑战之前，我也是其中一员——但是大部分人（包括我自己）认为自己积极、向上、乐观、乐天。

所言决定所行。

想要有意识地改变我们的生活，很重要的一点是学会控制我们的大脑。你手腕上戴着不抱怨的手环，但这并不是让你将此作为一个标志，告诉别人你支持不抱怨这一生活理念。相反，如果利用得当，这只手环能够帮助你意识到自己何时抱怨、多么经常抱怨，并且帮助你不再抱怨。

不抱怨练习的过程中，当你一次又一次把手环从一只手腕移到另一只手腕，你会开始注意到自己的言语内容。如此一来，你也就开始意识到自己的所思所想。这只小小的紫色手环设了一个陷阱，专门捕捉你的负面情绪，并在适当的时候帮助你永久释放这种负面情绪。

坚持完成二十一天练习、不再抱怨的人们，他们生活的方方面面都得到了极大的改善：身体更健康、关系更圆满、事业更成功、内心更加平静喜乐……听起来很棒吧？这些不但可能发生，而且很有希望实现。有意识地去重新设定心灵的硬盘并不容易，但你可以现在就开始。而且用不了多久（反正时间无论如何都会过去），你就能拥有自己一直以来梦寐以求的人生。

“滴水穿石。”

——中国箴言

你可以登录我们的网站：www.AComplaintFreeWorld.org，订购一只不抱怨紫手环。手环的使用方法如下：

1. 将手环戴在一只手腕上。从此刻起，你就开始了连续二十一天不抱怨旅程的第一天。

2. 当你发现自己正在抱怨、批评、讲闲话或者讽刺别人时，就把手环移到另一只手上，重新开始。此时，你重新回到二十一天旅程的第一天。

3. 坚持下去。一般说来，你可能要花上四到八个月的时间，才能真正做到连续二十一天不换手、不抱怨。

为什么是二十一天呢？

科学家们相信坚持某个行为二十一天，它就能变成一种习惯。并且，有意思的是，二十一天也正好是小鸡破壳而出所需要的孵化时间。

别灰心丧气。如果你对自己诚实，你会发现你可能需要花好几天、好几周甚至好几个月的时间，才能做到一整天不抱怨，进入不抱怨之旅的第二天。然后，你会再次抱怨并且重新回到第一天。但是，你要相信，以后要再进入不抱怨的第二天就不需要那么长的时间了，并且你之前的成功会使你坚持不抱怨的努力渐渐轻松起来。

大部分人的不抱怨旅程是这样的：第一天……第一天……第一天……一……一……一……一……一……一……一……一……一……一……一……第二天！回到第一天……第一天……第一天……一……第二天……第三天……第四天……第一天……第二天……第三天……第四天……第五天……第一天……

有人对我说，他们准备等到生活变得好起来之后再开始不抱怨的旅程。真是荒谬！

等到生活改善后再开始二十一天不抱怨的练习，这简直就好比是等到你身材变苗条后再开始节食和锻炼。

想要改善生活？最有效、最好的工具就是不抱怨手环。你可以在我们的网站（www.AComplaintFreeWorld.org）上订一个。但你可以马上开始不抱怨的实践，不必等紫手环到了才开始。现在就拿一根橡皮筋套在手上，或者把硬币放到口袋里。抱怨时，就把橡皮筋换到另一只手上，或者把硬币放到另一边口袋中。

成功的关键是：

1. 每说出一句抱怨，就把手环戴到另一只手腕上。一些人自己加大了难度，脑海中每闪过一个消极的念头就移动一次手环。这样，过一段时间，你的消极思想肯定会减少，但是，还是请只在自己发出抱怨、批评、讲闲话或严厉讽刺时移动手环。

2. 记住自己的时间。那些认真地想要变得不再抱怨的人总是会记得自己处在练习的第几天，“我在第一天”或者“我在第十二天”等。失败的人则会说：“我想，我在第八天了吧；不过我也不确定。”如果你都不记得自己处在练习的第几天，那么你肯定是没有认真参与这一练习。如果需要一点东西帮助你监控自己的进步，你可以到我们的网站上免费下载一个电脑插件，它可以帮助你记录自己的练习情况，并且你每天都能通过它收到一段我写的鼓励。哦，对了，当你连续二十一天没有抱怨时，这个软件会在你的电脑屏幕上绽放美丽的烟火，庆祝你的成功。

3. 不要管别人的手环。如果你指出别人正在抱怨，告诉对方他们应该把手环移到另一只手上，你自己要先移动手环！因为你正在对他们的抱怨行为进行抱怨。

4. 别聪明反被聪明误。我知道有一些人，他们打破游戏的规则，两边手腕上都戴着手环，这样他们抱怨时就不用再移动手环。或者，当他们发现自己抱怨了之后，就很快地再抱怨一下，这样就不用再移动手环了。

我甚至还知道，有人在发现自己抱怨后，就说他们明天会重新开始，并把当日剩下的时间作为“自由时间”。这些小把戏（虽然其中一些还挺有意思）不会提高你成功的可能性；相反，会降低成功率。

每抱怨一句就移动一次手环。一般来说，人们每天抱怨十五到三十次。因此，你要习惯起移动手环来。想象一下战士行军时的景象：左！右！左手！右手……刚开始进行二十一天不抱怨练习时，我移动手环的频率是如此之高，以至于我看上去有点神经紧张似的。我的手环移动次数太多，以至于手环都磨破了。事实上，有一次我在接受电视采访时，制片人让我演示一下把手环从一只手移动到另一只手的过程，我那磨损严重的手环“嗖”的一下就飞出去了，正好砸到摄影师的头上。

移动手环这个过程非常重要。每次，这样的动作都在你的意识里深深地刻下一道痕迹，让你意识到自己的行为。只有当你意识到自己在抱怨时，你才会开始改变。

哦，对了，不抱怨的手环可没有任何魔力。你也可以在手腕上套一根橡皮筋，或者在口袋里放一枚硬币，这些都能够帮助你达到同样的效果。关键在于抱怨时，要把橡皮筋换到另一只手上或者把硬币移到另一个口袋里，并且从第一天重新开始。

在本书中，你会了解到人们抱怨的原因、抱怨对生活构成的危害、人们从抱怨中得到的好处（是的，没错，是好处）、抱怨的五个原因，甚至是让别人不再抱怨的方法。更重要的是，你会学到根除抱怨这种不良表达方式的方法。

正如我之前提到过的，我们已经寄出了超过一千万只不抱怨手环。我是否相信这一千万人中每个人都坚持练习，直到自己达到连续二十一天不抱怨呢？不。我知道，许多人最后把手环扔到了抽屉里积满灰尘的角落中。

教人如何节食减肥的食谱书常年都是畅销书，因为人们都是买一本书，根据书的内容尝试一下，发现节食需要很大的个人努力以及自制力，然后就放弃了。他们并没有改变自己的饮食方式，因此很快之前减掉的体重就回来了，有些人甚至变得比之前更胖！接着，他们会再买一本教人节食的书，然后继续这个循环。

你可以阅读这本书，试试书中所说的方法，然后再试试其他的方法。或者，你可以利用本书彻底改变你的人生。

我曾经听人说过这样的俏皮话："我家里的健身器材最不好的一点就是，我得记得去打扫它。"他当年花重金从晚间电视购物节目里买下了一套家庭健身设备，却从来没有用过它。

请允许我在此重申简介开头我所说过的话：让生活变得更美好的秘诀，其实就掌握在你自己的手中。请你向自己立誓，不会像大部分家庭将运动器材丢到车库（只差一步就丢到垃圾桶了）一样，将不抱怨手环丢到抽屉的角落里。

> "如果对于坏事我说'为何偏偏这种事落在我的头上'，那么对于好事我也应该说'为什么这种好事偏偏落在我的头上'。"
>
> ——阿瑟·阿什（Arthur Ashe）

请记住，参与这一活动，你就成了一个以改善全世界所有人的生活态度为目的的大规模运动的一部分。

并且，这一方法真的有用。

想一想，正常每个人每天抱怨十五到三十次，如果我们说每人每天平均抱怨二十三次的话，我们发出了一千万只不抱怨手环，即使是只有一半的人坚持了下来，那么每天这个世界上就少了一亿一千五百万次抱怨。一亿一千五百万！

如果你喜欢做算术的话，可以想想，这就意味着每年世界上少了41,975,000,000次抱怨，也就是每年少了近420亿次抱怨。而我们这还只是寄出了一千万只手环，离我们六千万的目标还差得远呢。

感到有点兴奋了吗？你应该为此感到兴奋，你正在成为一个以改善每个人的生活为宗旨的全球范围内大规模活动的一部分。现在，知道了我们的不抱怨手环后，你可能会开始在很多地方看到它的身影。我们的一个志愿者前一阵在阿姆斯特丹，还看到大学生们戴着不抱怨手环。

我有一次到堪萨斯市皇家露天体育场观看比赛，看到一群热情的球迷正试着带动观众们制造人浪效果。一开始，人们兴致高昂，从座位上跃起，抬起胳膊制造人浪，并发出欢呼声。人浪在体育场环绕翻腾，但是每次一到某一个看台区域，人浪都会后继乏力。那个看台的观众不知为何并不愿意参与到人浪游戏中来，因此人浪停止。浪潮就这么消退了。

现在，转变人类意识的浪潮已经传到你这里。你可以让它继续传播下去。你可以和众人一起创造一个不抱怨的世界。

为了你的家庭，为了你的国家，为了你的孩子以及他们未出世的孩子，让它继续传递下去；因为这是能够帮助世界走向和平的坚实有力的第一步。

你可能会想：“好吧，世界和平？这事要是扯到世界和平的话，那可就真的是太夸张了。”但是，我收到过一封来自洛杉矶某非营利机构的邮件，该机构一直以来向青年帮派成员分发不抱怨手环；负责人在邮件中说：“帮派暴力斗争往往都是因其中一人抱怨对方帮派成员而起。没有抱怨，就没有暴力。”

如果这个方法对青年人有用，那么它也会对整个国家有用。

所以，为了以上各个原因，坚持不抱怨的练习吧。更重要的是，请为了你自己坚持不抱怨的练习。

“为了我自己？这岂不是很自私？”你也许会这么想。

不是的。

做一点能让自己受益的事情，这无可非议。当你变得更加幸福快乐，你就提高了这个世界的整体幸福度；你点亮了快乐的灯火，驱走整个集体的悲伤阴影。你释放乐观与希望的能量，这能够与别人产生共鸣，然后幸福快乐就会在人群中增殖、传播。

人类学家玛格丽特·米德（Margaret Mead）曾经写道：“从来都不要对此怀疑：一小群有思想、坚定的公民能够改变这个世界。事实上，一直以来都是如此。”

五年过去了，不抱怨的影响仍在继续。现在，你就是其中的一分子。

现在，就让我们开始不抱怨的旅程，一起寻找一个全新的自己……

PS：我将世界上第一千万只不抱怨手环留了下来，并打算送给著名演员、说唱艺人威尔·史密斯（Will Smith）。从他接受过的采访中以及YouTube上各类视频里可以看出，他的人生哲学极具启发性，他本人就是一个活生生的例子，告诉我们一个全情专注、坚定不移的人是如何一次又一次获得成功的。

怎么才能做到呢？

我也不知道……但我肯定能做到。

第一部分

无意识的无能

第一章

我怨故我在

真诚的分享

我和大多数挑战不抱怨运动的人一样，很快就发现自己在日常人际交往中竟然说了那么多抱怨的话。我第一次真正听到自己对工作发泄怒气，对疼痛和痛苦发牢骚，对政治及世界局势唉声叹气，对天气抱怨连连。发现自己使用了这么多负面的字眼，我着实感到非常震惊——我本来还以为自己是积极乐观的人呢！

——马提·波因特

密苏里州堪萨斯市

“人们发明语言，来满足自己深切的抱怨需求。”

——美国演员莉莉·汤姆林（Lily Tomlin）

大部分时间没准儿你都和其他人一样，在消极和抱怨中苦苦挣扎。

就像鱼根本意识不到自己周围水的存在，人根本意识不到空气的存在，即使你听到或自己发出抱怨，你也可能根本意识不到抱怨的存在。抱怨是我们生命中的一部分，我们很难辨别究竟什么是抱怨、什么不是抱怨。

《韦氏词典》对“抱怨”一词的解释是：表达哀伤、痛苦或不满。

> 抱怨：表达哀伤、痛苦或不满。
>
> ——《韦氏词典》

根据这一释义，我们知道，抱怨是人说出来的。许多二十一天不抱怨活动的狂热追随者会在自己产生消极思想时也移动手环。这种做法值得商榷，因为我们每天都会产生大约七万个念头，试图监控自己的思想注定是无用的。与其这样，还不如试试这个更加简单、卓有成效的方法：不再抱怨，你的思想也会因此而积极向上起来。

你可以这样想想看：你的头脑是生产商，而你的嘴巴是消费者。生产商（头脑）制造消极思想，而消费者（嘴巴）在抱怨的时候购买了那些消极的思想。

如果消费者不再购买生产商提供的产品，那么生产商无疑会重组设备，调整产品生产结构。当你不再对你认为不对的东西发出抱怨，而是开始表达你的感恩之情或者表达你的愿望，你其实就是在逼迫生产商（头脑）开发生产新的产品。

当你发誓以后只说积极向上的东西，你的头脑就会对你生活中的积极事物变得更加敏感，并利用它们作为原材料生产积极的思想。这样，你头脑中的基本关注点就会产生变化。你会更加关注你所期望的东西，而这很重要：在你的生活中，你会吸引到更多你所期望的事物。并且，当你将注意力从生活中不好的方面转移到好的方面时，事实上你就减少了不好事物出现的概率。

你所谓的现实会发生变化。这听起来有点不可思议，但这绝对是真的。

没有所谓的现实，一切只是人的看法而已。而你就能改变自己的看法。

抱怨与对事实的陈述之所以不同，在于它们表达了不同的能量。“今天天真热”这是一句对事实的陈述。如果在说完“今天天真热”这句话后你长长地叹了一口气，那这就是抱怨了。艾克哈特·托尔（Eckhart Tolle）在他的著作《新世界：灵性的觉醒》（*A New Earth*）中曾对此这样总结过：

> 为了助人改正而告知别人其错误与缺点，不能与抱怨混为一谈。我们也不必为了做到不抱怨，而一味容忍不良的品质与行为。告诉服务生你的汤是冷的，需要加热——只要你专注于绝对客观的事实，就不会有自我中心的问题。“你竟敢把冷掉的汤端给我……”这就是抱怨了。

人在抱怨的时候会散发负能量。大部分的抱怨都是“这太不公平了！”或者“这种事怎么会落到我的头上来”之类的。这就好像是抱怨者被某种行为或某个人攻击伤害，并反过来以抱怨回击。

人们以抱怨回击自己认定的不公行为。而对事实的客观陈述则是为了向听者传递信息（而不是责备对方）。

一个波斯尼亚人给我发邮件，伤心地说道，他的国家以一件事闻名于世，那就是“战争”。而他想要让他的国家以不抱怨闻名于世。他说：“我至今还没做到连续二十一天不抱怨。我似乎总会在第四天遇到瓶颈，因此我得一遍遍从头开始。虽然我没成功，但我感觉自己已经变得更加快乐起来。**不抱怨是为了让人快乐起来吗？**”

读完这封邮件，我不禁朗声大笑。

他在这封邮件中，把变快乐说得好像是不抱怨的副作用一样。也许，我应该在我们的网站以及我的书封上写下：“**请注意：不抱怨可能会让你不由自主地快乐起来！**”

在挑战不抱怨行动的人们的反馈中，我们经常看到这样的信息：虽然还没有做到连续二十一天不抱怨，但很多人发现自己已经变得更加快乐起来。

这种快乐是自发形成的，因为比起整天愁眉苦脸的人，快乐的人更容易结交积极向上的人，拥有愉快的经历并吸引更多的好机会。因此，他们会变得更加快乐，而这又会吸引更多的好事情……如此良性循环下去，人们就会不断地变得更加快乐。

研究人员发现，不论做什么事，我们都要经过四个阶段才能培养出相应的能力。要成为不抱怨的人，就要历经这每一个阶段，而且很抱歉，其中每一步都不能省却。你不可能跳过这些阶段，直接达到永远的改变。有些阶段会比其他阶段费时更久，对此每个人的经验各有不同。你可能飞也似的越过一个阶段，却卡在另一个阶段里，许久无法跨越。但只要坚持下去，你就能掌握不抱怨的技巧。

养成不抱怨能力的四个阶段是：

1. 无意识的无能。

2. 有意识的无能。

3. 有意识的有能。

4. 无意识的有能。

现在，你正处在无意识的无能阶段。你没有意识到（无意识）你发出了多少抱怨（无能）。一般说来，每人每天会抱怨十五到三十次，但是你也许根本没有注意到自己的抱怨，更不知道自己抱怨得算多还是算少。

一个女士半夜起床时不小心把脚趾碰到了床腿上。她感到一阵疼痛，不由自主地发出疼痛的呻吟。当我们感到痛时，呻吟是很正常的表现，但是，许多人此外还会自寻烦恼。他们会到处抱怨自己在生活中所遇到的困难以及问题，然后会惊奇地发现困难和问题更加层出不穷。如果你呻吟，那么疼痛就会出现；如果你抱怨，那么你就会遇到更多可抱怨的事情——这就是所谓的“吸引力法则”。当你完成以上四个阶段、不再抱怨之后，你也就不会再呻吟着自寻苦恼。你会吸引美好的事物，而不是苦痛。

托马斯·葛瑞（Thomas Gray）在《论伊顿公学的远景》（*Ode on a Distant Prospect of Eton College*）中引用了一句家喻户晓的格言：“无知是福。”要成为不抱怨的人，你会在“无知”的福气中，开始穿越转变的激流，获得真正的福乐。

“无意识的无能”阶段和“有能”阶段一样，都是一种存在的状态。

每个人都是从这里起步的。在“无意识的无能”阶段，你拥有无尽的潜力，准备开创伟大的未来。前方是振奋人心的前景，等着你去探索。只要你愿意按部就班地向前推进，一步步走下去，你就能掌握不抱怨的生活方式，并有许多意想不到的收获。

> “当你感到忧郁沮丧或乖张任性，切记不要通过抱怨公之于众。”
>
> ——塞缪尔·约翰逊（Samuel Johnson）

人们常常问我：“我永远都不能抱怨了吗？永远？！”

对此，我是这么回答的：“你当然可以抱怨。”这有如下两个原因：

1. 我不是要来告诉你或其他任何人该怎么办。如果我是这种心态，我就会想办法改变你，这就意味着我把关注点放在你身上我不喜欢的那些方面。我是在表达对你的不满，而且由此推论，我这是在抱怨。所以你想怎么样就怎么样吧，这是你的选择。

2. 有时候，抱怨也是合理的。

要真正理解以上第二点的意思，你得先仔细想想什么是“有时候”。不要忘记，我和全世界几千人一样，已经达成过接连三周（也就是连续二十一天，或五百零四个小时）完全没有抱怨的目标了。没有抱怨——零、无、一点都没有！讲到抱怨，“有时候”往往指的是“极偶尔”。

其实，仔细想想，现在生活中值得我们表达哀伤、痛苦、不满的事情真的是寥寥无几。当然，世界上还是有一些人过着非常痛苦不幸的生活，并且所有人都会在某些时候经历挫折、苦难。

然而现在大部分人都生活在历史上最安定、健康、繁荣的时代。但是，他们都做了些什么呢？抱怨。

这可不是什么新鲜事。几百年前，本杰明·富兰克林（Benjamin Franklin）就曾说过：“不停地抱怨是对我们享有的舒适生活的最差回报。”富兰克林说这句话的时候，世界上还没有电、阿司匹林、青霉素、空调、室内管道、飞机以及其他许许多多现代发明，也没有许许多多我们现在习以为常、公认为是必需品的东西。然而，他还是发现，与他同时代的人们，对那些他们已经拥有的好东西是多么满不在乎。富兰克林的时代比起我们现在来远远落后，然而，我们仍旧像那时的人们一样，总是抱怨这抱怨那。

“不停地抱怨是对我们享有的舒适生活的最差回报。”

——本杰明 · 富兰克林

抱怨并不能帮助我们改善事态。相反，我们的抱怨多半都只是“听觉污染”，妨碍了我们的幸福与美满。

你可以自我检视一下，你抱怨（表达哀伤、痛苦、不满）的事情真有那么严重吗？你是不是经常抱怨？或者，你是不是经常抱怨且自寻烦恼？

要做一个快乐的人，掌控自己的思想，按照自己的规划生活，你就需要给自己设定一个非常高的门槛，规定自己只有在遇到一定程度的难事或不公后才能表达哀伤、痛苦或不满。下次你要抱怨时，就先问问自己，你要抱怨的事有没有像几年前发生在我身上的那件事一样糟糕。

当时我正坐在自己的家庭办公室里写作。我们当时的家位于马路的急转弯处，驾驶员在这里要放慢速度，行驶过弯道；而过了我们家两百码之后，道路就变成高速公路，汽车行驶时速限制从二十五英里变为五十五英里。因为拐弯和车速限制，汽车在我家附近行驶时往往会放慢速度，然后迅速加速驶上高速公路。我们等于是住在减速/加速的车道上，倘若没有这个拐弯，我们家所在的位置就会变得非常危险。

那是个温暖的春日午后，蕾丝窗帘随着微风轻轻飘动，我在家中工作，一切都是那么自然惬意。忽然，一个奇怪的声音将我从工作的世界中拉了出来："砰"的一声巨响，然后是一声尖叫。那不是人的尖叫声，而是动物的。就像每个人一样，每只动物都有自己独特的声音，而我对这个声音非常熟悉，那是我们的长毛黄金猎犬金吉尔。

通常，我们不认为狗还会尖叫。狗可能吠叫、嗥叫、哀叫——没错，但从不尖叫。然而，那时金吉尔就是在尖叫——它过我们门前那条马路时被车撞了。就在我窗外不到二十英尺处，它躺在路边痛得尖声叫喊。我大喊一声，跑过客厅来到前门外，我的女儿莉亚就跟在我的后面。莉亚当时才六岁。

我们靠近金吉尔时，看得出它伤得很重。它试图用前腿站起来，但后腿似乎帮不上忙。它一次又一次痛苦地嗥叫着。邻居们纷纷走出家门，看看为何外面如此吵闹。莉亚呆立在那里，只是一直叫着它的名字："金吉尔……金吉尔……"眼泪从她的脸颊流下来，浸湿了衣服。

我四处寻找撞伤金吉尔的司机，却不见半个人影。后来我抬头望向划分市区道路与高速公路的坡道，看见一辆卡车牵引着拖车，正在爬坡，同时加速超过五十五英里。尽管我们的狗痛苦地躺在那里，我的女儿哭得可怜，我满脑子想的却是要去找那个撞到金吉尔的人当面算账。"怎么会有人做出这种事，还开车跑了？"我愤愤不平地说，"他驶过弯道时会减慢速度……他肯定看到了金吉尔，他肯定知道发生了什么事！"

我跳上车子，开车冲出停车道，激起一片沙尘，在坎坷不平的路上狂飙到时速六十、七十五、八十三英里，就是要追上那个撞伤了莉亚的狗却扬长而去不敢面对我们的人。我在颠簸的路面上疾驰着，车子仿佛就要驶离路面。那一刻，我想到如果我在开车时丧命，对家人而言，那种伤痛要比金吉尔受伤更为难以平抚，因此稍微平静了一下。在我和那个驾驶人的距离慢慢拉近时，我也把车速降到了可以控制的程度。

那人没有发现我在后面追赶，转进了停车道。他下了卡车，身穿邋遢的衬衫和肮脏的牛仔裤，晒得通红的头上玩世不恭地反扣着一顶油腻腻的棒球帽。我在他身后将车停住，从车里跳出来尖叫："你撞到我的狗了！"那人转身看着我，仿佛听不懂我在说什么。

一股怒火冲了上来，因为我不能确定他是不是真的说了："我知道我撞了你的狗……不过你想怎样？"

我过了好一会儿才从刚听到他那句话的震惊中回过神来。回到现实世界后，我一字一顿地回他："什么？你说什么？"他微笑着，仿佛在纠正一个犯了错的孩子，又字正腔圆、慢条斯理地说了一次："我知道我撞到了你的狗……你现在究竟想怎么样？"

我气得火冒三丈，心里一直浮现这样一幅画面：从汽车后视镜里看去，莉亚耷拉着肩膀，站在痛苦抽动的金吉尔旁边哭。

我大喊："把手举起来！"

他面含讥讽，笑着说："什么？"

我重复道："把手举起来……我要过去宰了你！"

片刻之前，当我怒气冲冲地要追上这个家伙时，及时的理性让我不至于因为开快车而送命。但现在，他把我亲爱的狗撞成重伤，竟然还讲出这种目中无人的轻薄话，这让我所有的理性消散殆尽。

我长大后就从来没有打过架了。我不相信打架能解决问题。我也不晓得自己是否知道该怎么打架。但是我想揍死这个人。那一刻，我怒火攻心，完全丧失了理智，我才不管自己会不会因此坐牢。

"我才不跟你打呢。这位先生，你如果打我，那就是伤害罪。"他说。

我手臂举起，拳头就像颗坚硬的石头那样紧紧地握着，目瞪口呆地站在那里。

我喊道："别废话，动手！"

他露出仅存的几颗牙微笑着，说："不，先生。我才不干这种事情呢。如果你打了我，那就是伤害罪。"

他转身慢慢走开。我站在那里发抖，怒气渗入我周身的血液。

我不记得后来是如何开车回到家的。我也不记得是如何把金吉尔抱起来去看兽医的。我只记得最后一次抱着它时它身上的味道，还有兽医用针筒结束它的苦难时，它轻声哀号的模样。我痛苦地忍住眼泪，问自己："怎么会有人做出这种事？"

后来那几天，每当我努力想要入睡时，那人满口破牙的笑容总是挥之不去。他那句"我知道我撞了你的狗，不过你想怎样？"不停地在我耳边响起。我在脑海里想象，如果我们打起来，我会怎么对付他。在我的想象中，我是消灭邪恶坏蛋的超级英雄。有时候，我会想象自己正拿着球棒或其他武器狠狠地伤害他，就像他伤害我、莉亚和金吉尔一样。

第三个难以入眠的晚上，我起身开始写日记。在宣泄了近一小时哀伤、痛苦和不满之后，我写下了令人讶异的字句："伤害者自己也是受伤之人。"这一点都不像我会说的话啊，我不禁纳闷儿地大喊："什么？"

我又提笔写了一遍："伤害者自己也是受伤之人。"我往后一靠，陷入椅子中思索，聆听春夜中蟋蟀的欢鸣。"伤害者自己也是受伤之人。这句话怎么可能适用在那个人身上？"

我继续思考，渐渐开始明白。可以这样轻易地伤害一个家庭所珍爱的宠物的人，一定不会像我们一样了解来自动物的陪伴与关爱。可以在年幼的孩子眼泪汪汪时驱车离开的人，就不可能知道孩子们的爱。不肯为伤了一家人的心而道歉的人，他自己的心一定也被刺伤过很多很多次。这个人才是这个事件中真正的受害者。没错，他表现得跟坏蛋一样，但这源自他内心的深切苦痛。

我坐了很久，让这一切沉淀、铭刻在心。此后，每当我开始对他和他所造成的痛苦感到气愤，我就会想想这个人每天必然会领受的痛苦。没多久，我的呼吸平稳了下来，紧张情绪也得到了疏解。我熄灯上床，沉沉入睡了。

抱怨就是：表达哀伤、痛苦或不满。

在这次事件中，我感受到哀伤。五年前，金吉尔出现在我们位于南卡罗来纳乡间的家中。好几只狗来过我们家不想走，但我们的另一只狗吉布森把它们都赶跑了。不知道为什么，它让金吉尔留了下来。金吉尔有些与众不同的地方，从它的举止行为来看，我们认定它到这里之前曾经受过虐待。而且它会特别提防我，所以说不定是哪个男人伤害了它。大约一年后，它才开始小心翼翼地试着信任我；接下来几年，它则成了我真正的朋友。它走了，我深深地感到哀伤。

我当然也觉得痛苦，真切的情感痛楚折磨着我的灵魂。有孩子的人都会懂：我们宁愿自己承担痛苦，也不愿孩子受苦。我的小女儿莉亚所经历的情绪冲击使我痛苦倍增。

我也深感不满。我为自己没有痛打那个人而懊恼，也为原先竟想以暴制暴而良心不安。我为自己从他身边走开感到羞耻，却也为拼命追赶他而觉得惭愧。

哀伤。痛苦。不满。

当那个人撞到金吉尔时，我感受到这种种的情绪，并且一一表达了出来，这些都是恰当的反应。在你的人生中，有时可能也会经历同样困难的情境，但幸运的是这一类创伤巨大的事件并不常见。由此推知，抱怨（表达哀伤、痛苦或不满）也应该很少发生。

但是，对大多数人而言，抱怨都不是源于这么深切的痛苦经历。相反，我们就像乔·沃尔什（Joe Walsh）的歌曲《人生一直都很好》（Life's Been Good）所唱到的一样——我们不该抱怨，但有时，或者说很多时候我们还是会抱怨。事情并没有真的糟糕到能让我们理直气壮地表达哀伤、痛苦或不满的份儿上，但抱怨就是我们的一种习惯性行为，我们就是会抱怨。

无知就是福。在你开始矢志不渝地努力并成为一个不抱怨的人之前，你可能从未意识到自己的抱怨有多少，以及这些抱怨在生活中造成了怎样的危害。对许多人而言，对天气、配偶、工作、身体、朋友、职业、经济、其他驾驶员、国家，或者心里想的各种大小事件发发牢骚，是每一天都会重复几十次的事。

然而，鲜少有人明白，自己抱怨的频率有多高。话从我们的嘴里说出来，我们的耳朵也能听得到，但不知是什么缘故，我们不会把这些话语当作怨言。

抱怨就好比口臭，当它从别人的口中发出时，我们能注意得到；但从自己的口中发出时，我们却察觉不到。

你抱怨的次数很可能比你自己以为的要多得多。而如今，既然你已经接受了二十一天不抱怨的挑战，你会开始注意到自己的抱怨。当你开始把手环从一只手移到另一只手时，你就明白了自己有多么经常“kvetch”（意第绪语的“习惯性抱怨”之意）。

到现在，老实说，你可能讲过你不会抱怨——或不常抱怨。很显然，你认为自己只有在事情着实恼人时，才会抱怨。下次当你想为自己的抱怨辩解时，先想想金吉尔的事件，然后扪心自问，你的这次经历是否真是那么糟糕。然后，下定决心，实践自己不抱怨的承诺。

每个成功做到二十一天不抱怨的优胜者，都对我说过："这很不容易，但是很值得。"凡是有价值的事都得来不易。这个行动简单吗？很简单。简单但不容易。"容易"这个词和成功者可沾不上边。我这样说可不是要吓唬你，而是要激励你。如果你觉得要成为不抱怨的人（监测并改变自己的言语）很难，那不代表你做不到，也不代表你有什么毛病。如果你正在抱怨，这就对了，这就是你现在应该处于的境地。现在，既然你已经意识到这一点了，你就能开始将抱怨从生活中抹除了。

"如果一开始你没有成功，这就代表你和平常人都一样。"

——欧德森（M. H. Alderson）

你只需要在每次抱怨时移动自己的手环，然后重新开始。

最近，我和我的女儿莉亚（现在她已经十五岁了）一起开车去印第安纳州亚历山大市拜访麦克·卡迈克尔及其妻子格伦达。麦克是个油漆承包商，四十多年前，他突发奇想，在棒球上钻了个洞，用衣架穿过棒球，然后将棒球浸到一桶油漆中。第二天回来后，他又把棒球浸到油漆里一次。麦克每次下班回家后，都会把那只棒球浸在当天工作剩下的油漆中，然后把球挂起来晾干。每当他这么做的时候，他都会记录下这只棒球已经覆盖了多少层油漆。

当那个球覆盖上一千层油漆后，他的这个小实验就取得了非凡的成果——这只小小的棒球现在呈长方形，已经有一只漂白剂桶那么大了。每一天涂一层薄薄的油漆（仅有0.05英寸厚），这个小球竟然能变得这么大，麦克为此深深着迷。

1977年，麦克决定扩展他的实验。他重新找来一只棒球，钻了一个更大的洞，并为其安上了一个粗大的金属挂钩。他将这个球挂到自己的车间外，邀请家人、朋友、过路人为其涂一层油漆。现在，他的车间外面挂着一块标牌，上面写着：世界上最大的油漆球。

莉亚和我来到麦克的车间。我们进屋时，看到那只球挂在特制的铁横梁上，麦克则骄傲地站在他自己的作品前。球的规模令我惊叹不已。

我问麦克这个球现在有多重。他说，几个月前，他用起重机将球吊起，放到卡车后斗上，用专门给牵引式拖拉机测重的仪器测量了此球的重量。根据美国职业棒球大联盟的规定，棒球的标准重量应为5.25盎司。而这只涂抹了上万层油漆（每层的厚度不会超过一根头发）的棒球现在已经重达3500磅！我惊呆了。回过神来后，我问道："那它有多大呢？"

据美国职业棒球大联盟规定，标准的棒球直径应为2.78~3英寸。如果没有油漆的话，麦克的棒球应该也是这么大。麦克和他妻子格伦达用卷尺当面进行了测量。他开怀大笑着说道："直径刚刚超过52英寸。"

球的表面用大大的红字写着"22,799"。

"22,799是什么意思？"莉亚问道。

"这就是今天你和你爸爸要涂的油漆层数。"麦克说。

"真的吗？"莉亚感到很兴奋。

"当然。你想用什么颜色呢？

莉亚和我相视一笑，异口同声地说道："紫色！"

几分钟后，麦克递给我们每人一个蘸满紫色油漆的刷子。我和莉亚认真工作，花了差不多十五分钟的时间才给这只巨大的球均匀地涂了一层漆。我们涂漆的时候，麦克问道："你们两个为什么会来到这里呢？"

我向他展示了我右手手腕上戴的不抱怨手环，告诉他现在世界上有超过一千万人接受了不抱怨的挑战。然后，我们谈到了习惯问题。

"习惯指引我们的生活。"我说，"我们会去做很多事，只是简单地因为我们一遍遍做过这些事情，一个简单的行为——就像是一层涂在三英寸大的小球上的油漆——随着时间的推移，会让小小的棒球变成1.75吨重的油漆球，规模巨大。"

麦克想了一会儿后说，他此前从未想过两者之间的关联，但是无疑这很有道理。我们离开的时候，麦克递给我一个小物件。为了保持球体的形状，他必须时常对球的底部进行处理。他给我的小物件就来自这个球，差不多硬币大小，厚度和铅笔差不多。当我看着这个来自世界最大油漆球的小物件时，我仿佛看到那上百层只有纸张般薄但最终成就了如此巨大球体的油漆层。

> "习惯是通过不断重复某种行为而产生的。重复次数越多，习惯就越根深蒂固。但是我们也可以通过不断重复截然不同的行为来打破业已养成的习惯，培养截然不同的习惯。"
>
> ——美国哲学家莫提默·J. 艾德勒（Mortimer J. Adler）

对大部分人来说，抱怨就是一种在一次又一次重复的过程中逐渐根深蒂固的习惯。但是，通过有意识地避免，很快你就能够摆脱抱怨这种不良的表达习惯。

一次不抱怨看起来并不会对你的生活产生多么大的影响，但是这能够帮助你渐渐改掉根深蒂固的坏习惯。当你管住自己，收住一句即将出口的抱怨，其实就是在给你的新习惯涂上一层油漆，而这个新习惯势必会发展壮大，帮助你变成新的自己。

你可能会怀疑，自己是否真的能够做到连续二十一天不抱怨，但是，你做得到！我曾经一天抱怨几十次，但是我做到了。关键就在于不要放弃。我认识一位上了年纪的杰出女性，她仍戴着我们第一批赠送的紫手环。那只手环已经磨损泛灰了，但她坚定地对我说："我可能至死也做不到连续二十一天不抱怨，得戴着这个东西入土。但是我绝不放弃。"

这就是挑战不抱怨的行动所需要的信念。永远不要放弃。不过好消息是：即使你尚未做到二十一天不抱怨，你也会发现自己关注的焦点已经转移，你自己也变得更快乐了。下面是我收到的一封电子邮件：

你好！

我和成千上万的人一样，已经开始转移自己关注的焦点。在等待手环到来的时候，我就开始先把橡皮筋戴在手上，这让我意识到我自己在做什么。我已经戴了大约一个星期，现在我几乎不抱怨了。更值得一提的是，我觉得自己变得快乐多了！更别提我身边的人（例如我先生）会有多快乐了！很长一段时间以来，我都想要改变抱怨的习惯，而这个手环就是驱使我改变行为的动力。

许多人都在谈论这只手环及其背负的使命，这项使命已形成庞大的连锁反应。至少许多人都开始觉察到自己有多经常抱怨了，并且没准儿他们还决定开始改变自己的行为。越多人听说这个想法，这项运动就越可能产生长远、广泛的效果。完成这项使命要比实际拿到手环重要多了！想到这点就觉得很兴奋！

——珍妮·雷里
马里兰州洛克维尔市

备受尊敬的电台播音员保罗·哈维（Paul Harvey）曾经说过："我希望有一天能达到这个世界所认定的成功。这样，如果有人问我是怎么做到的，我就能告诉他们：'我爬起来的次数比跌倒的次数多。'"和所有那些值得追求的事物一样，你肯定会一路跌跌撞撞，最后才能取得成功。当你刚开始接受这项挑战时，你和多数人一样，可能得不断把手环换来换去，换到手酸了、心也烦了。我移动手环的次数就非常多，多到把三只手环都弄断了才完成二十一天不抱怨的目标。如果你也把手环弄断了，就请登录我们的网站www.AComplaintFreeWorld.org，再订一个。

如果你坚持下去，有一天，当你躺在床上昏昏沉沉、几欲入睡时，一眼瞥到手腕，你会第一次发现，在多日、连月甚至经年以后，你的紫手环终于和当天早上起床时一样，还戴在同一只手上。你也许会想："我今天一定抱怨过，只是我没有发现。"但当你在心里回想当天发生的事情、检视自己后，你明白自己成功了。你真的一整天都没有抱怨！总会有那么一天的，你一定能办到。

当你开始出现这种转变时，你很幸运，因为即使我事先警告过你这项挑战会很困难，你仍然具备一项心理优势来驱策你达成目标。这在心理学上被称为"达克效应"（Dunning-Kruger effect）。"达克效应"取名自康奈尔大学的大卫·达宁（David Dunning）与贾斯汀·克鲁格（Justin Kruger），他们对尝试学习新技能的人们展开研究。当一个人尝试新鲜事物，无论是滑雪、杂耍、吹长笛、骑马、冥想、写书、绘画或任何事，人性中都有一部分会认为精通这项技艺很简单。研究结果发表在1999年12月的《人格与社会心理学期刊》（Journal of Personality and Social Psychology），文中这样说道："无知要比知识更容易带来自信。"换句话说，你没有意识到做某件事会很难，所以就会试试看。你心想"这肯定会很简单"，然后就开始行动，而开始行动才是最难的部分。

如果没有"达克效应"，当知道实际上要花多少时间才能精通一项技艺时，或许很多人在开始之前就会先放弃了。

戴紫手环（或橡皮筋，在口袋里放钱币，或者使用其他自我监控的工具），然后每抱怨一次就换手。尽管似乎很难、很糗、很令人灰心丧气，但一定要换手。即使你在成功了十天之后又抱怨了一句，也要换手。一次又一次从头开始。即使周围其他人都放弃了，你也要坚持下去。即使周围其他人都成功了，而你个人到目前为止的最佳纪录是两天，也要坚持下去。

本章开头，我给出了词典上对"抱怨"一词的解释。过去几年里，对于抱怨，我也有了自己的定义：一种包含能量的语言，它让你将精力投注于当下存在的问题，而不是问题的解决方法。

抱怨本身是有负能量的，往往是那种"这种事怎么偏偏发生在我身上"的负能量。

> 抱怨使我们关注问题本身，以至于我们不会去考虑解决问题、改善境遇的方法。

有个故事是这么说的——两个建筑工人坐下来一起吃午餐，其中一个打开快餐盒就抱怨："天哪！肉卷三明治……我讨厌肉卷三明治。"他的朋友什么话也没说。隔天两人又碰面一起吃午餐。同样，第一个工人打开快餐盒往里面一看，更火大了，说："怎么又是肉卷三明治？我痛恨肉卷三明治！我讨厌肉卷三明治！"他的同事一如前日，仍然保持沉默。第三天，两人又要准备吃午餐，第一个工人打开快餐盒，又大叫起来："我受够了！日复一日都是一样的东西！每天都是吃肉卷三明治！我要吃点别的东西！"

他的朋友问他："你为什么不干脆叫你太太帮你做点别的？"

第一个人满脸疑惑，答道："你在讲什么啊？我都是自己做午餐的。"

你、我以及其他所有人都是自己做午餐的。我们用自己的思想以及那些表达我们思想的话语创造了自己的生活。你被困在肉卷三明治的菜单之中，其实你自己就掌握着解救自己的钥匙。

"我们往往是生活在枷锁之下，却从不知道钥匙就在我们自己的手中。"

——老鹰乐队《已然逝去》（Already Gone）

我的一个朋友在生活中遇到了一件事，这件事简直就是肉卷三明治这个故事的现实翻版。一次闲聊中，他一边喝咖啡一边告诉我，两年前他所在的公司改掉了语音邮件系统。他们不再是通过在电话键盘上输入密码或指令来获取语音邮件，而是直接拿起话筒说"收取信息"，或者给出其他语音指令，如"重听信息""删除信息"等。

"这只是一种理想的状态。"他说，"但是，问题在于，当有较大的背景杂音或者说话者声音不是很清晰时，这个系统就会不好用——系统可能根本不做出任何反应，或者执行错误的指令。”

他接着告诉我，坐在他隔壁小隔间的女士就经常收不到信息。当她说“收取信息”时，系统可能会没有反应，或者是执行错误的命令。这时，她就会大喊：“收取信息啊，他妈的！”当然，语音指令后的谩骂使这个电子系统更加无措。最后，她不仅没获取到自己想要的信息，反而弄巧成拙，做错事情。

我的朋友不无迷惑地笑着说：“她可是在冲机器喊啊！并且她的愤怒使情况变得更糟。”他喝了一口咖啡，继续说道，“这还不是问题的关键。在安装了这个新的系统一段时间后，我意识到这个语音识别系统并不好用，所以我重新设置回原来的手动操作系统。我像从前那样通过输入密码或指令来获取信息。”

“当我听到她冲着话筒大喊时，就告诉她语音邮件系统很容易就能够改回到之前的手动操作系统。但是，她依然冲着机器大喊：‘收取信息，你这个没用的垃圾！’她甚至连看都没看我一眼就打断了我，‘我现在太忙了，过一会儿我就去改！’”

我的朋友摇摇头说：“这发生在两年前。很多次我都提出要帮助她把系统改回到原来的手动操作系统，但是每一次她都‘太忙’。我告诉她不用半分钟的时间我就能够帮助她解决问题，但是她总是拒绝我的帮助。她没有时间解决自己的问题，却在过去的几年中几个小时几个小时地浪费时间，冲着机器大喊大叫。”

他接着说道：“你能想象吗？每天上班时，她都知道自己今天又要和这个语音邮件系统斗争。她知道自己不用一分钟的时间就可以解决这个问题，但是她没有这么做。真是太奇怪了！”

你厌倦了肉卷三明治吗？你每天都是自己给自己做午餐。思想创造生活，而语言表明思想。改变自己的话语，你的思维也会随之改变，你的人生也会就此变得不同。

耶稣说“寻找就必寻见”，这是放之四海而皆准的原则。你所寻找的，你就一定会找到。当你抱怨时，你就是在用自己不可思议的思想力去寻找自己不想要的东西，并一次又一次吸引这些东西过来。然后你抱怨这些自己寻找、吸引过来的东西，这就又引来更多不想要的东西。你陷入了“抱怨轮回”——表露抱怨，招致抱怨；表露抱怨，招致抱怨；表露抱怨……这样的现象将在未来自行实现，一直反复延续，永无休止。

阿尔贝·加缪（Albert Camus）在《局外人》（*The Outsider*）中写道：“仰望灰暗的天空，闪烁着星座与星辰，头一回，我的心向宇宙善意的冷漠敞开。”宇宙是善意的冷漠。宇宙——或神，或灵，或无论你如何称呼，都是善意（好）的，但也是冷漠（不在乎）的。宇宙不在乎你是否用话语呈现思维的力量，为自己呼求爱、健康、快乐、丰盛、平安，或为自己引来痛楚、苦难、悲惨、孤单、贫穷。我们的想法创造我们的生活，我们的话语又表明了我们的想法。当我们用消弭抱怨来控制自己的言语时，我们就能主动创造生活，引来我们渴望的结果。

在汉语中，“抱怨”一词由两个字组成：“抱”和“怨”。将这两个字组合在一起表明抱怨的真谛，实为大智慧。

中国人认为，抱怨就是“拥抱你自己的怨气”。

当你抱怨时，你就是在拥抱你自己的怨气。你支持、帮助、巩固自己脑海中那个“你不配得偿所愿”的念头。你感到自己与美好丰裕的世界割裂开来，你限制了自己享受富足的能力。

“富足”一词在英语中有“广开源”之意。善意之河流经久奔腾。当你抱怨时，你就使你自己周围的水流改变了一点流向。当你只说自己所愿所望之时，你就是在让自己接受善意之河流的涤荡惠泽。

当你开始试着摒除生活中的抱怨，多年积习可能会令你一次又一次地品尝到失败的苦果。这就仿佛是你坐在飞机上以每小时六百英里的速度向北航行。如果飞行员操控飞机向西转向，你会发现自己的身体向右靠，因为你感受到了来自右边的巨大拉力。如果飞行员保持新航向，一直向西，你会很快适应过来，不再感到之前的那种拉力。

同样，当你试图改变旧习惯时，之前的习惯也会想方设法阻碍你。只要你坚定信念，每抱怨一次就移动不抱怨手环，你就会感到一种力量在对抗原有的恶习。坚持下去。每一分钟时间的流逝、每一次移动手环，都像是一层薄薄的油漆，它们很快就会发展壮大，改变你的人生。

第二章

抱怨与健康

真诚的分享

我昨天提早下班回家，因为背部一整天都很不舒服（我动过脊椎和颈椎大手术）。我只想放松下来，自怜自艾。四十七岁的我，总是为了一长串麻烦的健康问题苦恼丧气。但是当我扑到沙发上，在奥普拉的节目里看到你，我真的被激励了！人们都说眼睛是心灵的窗户，而威尔·鲍温就有着最清澈明亮的眼睛！我被这双眼睛迷住了。哈哈。它们闪闪发光，我不禁微笑起来。

我每天都在抱怨自己身上的病痛，以及那些止痛的药物治疗。你说得对，抱怨的确把我拖垮了，我想加入“不抱怨”的一方。我已经替自己和一些朋友订了手环。但我写信主要是想向你表达谢意。

对于命运，我心怀感恩：我可以走路，我有一个充满爱的家庭，有好朋友、好工作。我必须要把精力重新投注在值得感恩的事物上，不再为自己数不清的健康问题而自怨自艾。我衷心地感谢你，并且希望未来有一天我能够当面向你致谢。你启发了我，你的眼睛令我微笑，给我希望。愿上帝保佑你。

——辛蒂·拉佛列特

俄亥俄州剑桥市

> 我们的文化中有一些自我应验预言，其中最致命的一条恐怕就是：年老就一定意味着衰退和健康不良。
>
> ——玛丽琳·弗格森（Marilyn Ferguson）《宝瓶同谋》

我们之所以会抱怨，是因为就像我们做其他任何事情一样，我们察觉到这会带来好处。我还清楚地记得自己发现抱怨能带来好处的那天晚上。当时我十三岁，平生第一次参加舞会，跳“袜子跳”（sock hop）。如果你太年轻，不知道什么是“袜子跳”，那我告诉你，这是一种从前常常在高中体育馆举办的舞会。之所以叫“袜子跳”，是因为参加舞会的小孩子们都要脱掉鞋子，以保护体育馆的地板。这种舞会在20世纪50年代的美国非常流行，之后在1973年，又随着电影《美国风情画》（American Graffiti）的问世而开始复兴。

再也没有什么时期能像青春期一样给人带来如此深远持久的身体、情感变化。十三岁时，有史以来第一次，我不再认为女生“恶心”。在这样的年龄，女生既像磁铁一样充满吸引力，同时又让人感到害怕。虽然她们很“恐怖”，但在我十三岁时，女生占据了我清醒时的每种思绪，又在我的梦里萦绕不去。滑板、模型船、电影和漫画，全都从我的脑中一扫而去，取而代之的都是女孩子们的形象。

我心急火燎，巴不得能和女孩子牵上线、搭上桥，却又不知道该怎么做，就算成功了也不知道接下来要干吗。我就像那个老笑话里追着车子跑的狗，好不容易追到了，却不知道该拿它怎么办。我想和女孩子亲密一些，却又害怕接近她们。

举行“袜子跳”舞会的那天晚上，天气又湿又热。保持着20世纪50年代的传统，女孩子们身穿蓬蓬的大圆裙，顶着波浪头，脚踩“天使鞋”，涂了亮晶晶的红唇膏；男生们则多穿着裤管卷至脚踝的紧身牛仔裤、袖子里卷着香烟盒（向父母借的）的白色 T 恤、塞了几分钱的平底乐福鞋［编者注：penny loafers，鞋面有横越两侧的皮饰带。20世纪40年代的美国年轻人喜欢将一分钱（penny）硬币塞入鞋面，取“幸运”之意］，头发油亮亮地往后梳成一种叫作“鸭屁股”的发型。

20世纪50年代的风情在空气中弥漫，女生站在舞池的一边咯咯笑着，我和其他男生则坚守在另一边，靠在金属折叠椅上，竭尽所能地耍酷。虽然体内的每一串DNA都在苦苦哀求着我们走向女生，但我们都吓得惊慌失措，不敢走向女生与她们谈话。因此，我们竭力表现得趾高气扬、淡定十足。“让她们自己过来”，我们开着玩笑。如果她们走过来，那我们的自尊心就会爆棚；如果她们没有走过来，至少她们会以为，我们根本不在乎她们。

当时我最好的朋友是奇普。他长得高大，既是运动健将，也是个好学生。与他相比，我长得又圆又胖。在我的记忆中，每次要买衣服，妈妈就会带着我搭扶梯到贝尔可百货公司（Belk’s）昏暗的地下层——这里是“特大号”胖哥专卖，也是我唯一能找到合身衣服穿的地方。

因为奇普身材修长、体形健美，我看得出有几个女孩一直在盯着他看。知道他比我更有吸引力，这让我暗自受伤；而他只是和我们坐在那里，不走过去和她们任何人说话，这也让我觉得心烦。我们都鼓励他走过去，与那些扎着马尾辫、穿着短袜、等着我们采取行动的女孩子交谈，跳第一支舞；而他只是坐在那里，按兵不动。

“我很害羞，我不知道要讲些什么。” 奇普说。

“你就只要走过去就行，让她们负责讲话就好了。你不能一整晚就坐在这里。”我说。

奇普说：“你才是一直坐在这里不行动的那个人呢。你最会讲话了，你快过去跟她们说话吧。”

当吸毒者第一次服用那个后来被他们当成“仙丹妙药”的东西时，通常都会清楚记得这最初的经验——要是不能摆脱这种瘾头，这“仙丹妙药”将会损耗，甚至夺走他们的生命。接下来的这句话，便让我染上了长达三十多年的“抱怨瘾”。

我凑近奇普，对他说：“就算我走过去跟她们讲话，她们也不会和我跳舞。你看，我太胖了。我才十三岁，体重却早早就超过了一百公斤。我讲话会喘，走路会流汗。”

我意识到其他男孩子也在看着我，于是继续说道：“你的体格很好，那些女生都在看你。但没有人在看我。”其他人点头表示赞同。“我只是个好玩的人，她们只喜欢跟我聊天，但是她们不会想要跟我跳舞。她们不要我……她们永远也不会要我。”

正在这时，另一个好朋友从后面走过来，在我背上拍了一下说：“嘿，胖哥！”

一般说来，他这样打招呼并没有什么特别的意义，几乎所有人都叫我“胖哥”。这是一个挺适合我的绰号，而且我也渐渐地习惯了这个称呼。我从来不把这当成羞辱。他们是我的朋友，不会在意我太胖。但我才刚刚讲完一段冠冕堂皇的话，说长得太胖有多么难受，以借此逃避和那些女孩说话，这时被人唤作“胖哥”，在我们的小圈子里引起了显而易见的反响。

我的一个朋友狠狠瞪了他一眼，说：“喂，闭嘴！”

另一个说：“不要惹他。”

第三个人插嘴道："胖又不是他的错！"

我环视四周，发现每个人都极其关注地看着我。

过了一会儿，我在心里呐喊着："再夸张一点！"于是我像是在演戏似的叹了口气，把头转开。我们大家都在找各种理由，不去直面女孩，逃避被女孩拒绝的可能性。对此，奇普的理由是自己害羞，而我的理由就是自己太胖。我抱怨自己的体形，就在这时一个朋友又开玩笑似的叫我昵称，这不仅使我摆脱了困境，更让我赢得了别人的同情和关注。

我抱怨自己的体形，我的抱怨使我不必去做某件令我感到恐惧的事情，并且收获了别人的关注、支持与认可。从此，我染上了"毒瘾"，我找到了令我不断上瘾的东西。抱怨就是我的毒品，能使我亢奋。

许多年后，当我和我的朋友共同应征一家饭馆里的两个职位，我的朋友得到了稍好的那个职位，这时我就告诉自己以及别人，那是因为我太胖了。"哦，这不是真的，你非常棒。"我喜欢别人这么告诉我。当我被开交通罚单，我说那是因为我太胖了，别人在警察面前嚼舌头，说我坏话。我又花了五年半，才甩掉这个借口，并甩掉那危害我健康的一百多磅体重。

心理学家罗宾·柯瓦斯基（Robin Kowalski）在《心理学公报》（Psychological Bulletin）发表了一篇名为《抱怨语言与抱怨行为：功能、先例与结果》（Complaints and Complaining: Functions, Antecedents, and Consequences）的文章，其中写道："许多人抱怨，是因为他们想从他人身上诱发特定的人际互动反应，例如同情或认可。比方说，人们可能会抱怨自己的健康状况，这不是因为他们真的觉得自己生了病，而是因为'病人的角色'能给他们带来其他好处，例如他人的同情或是对反感事件的逃避。"

“许多人抱怨，是因为他们想从他人身上诱发特定的人际互动反应，例如同情或认可。”

——罗宾 · 柯瓦斯基

借由抱怨和“打肥胖牌”，我获得了同情及认可，也有正当的理由不用和那些女孩子说话。我的抱怨让我尝到了甜头。你很可能也做过类似的事。我们抱怨自己不够健康，以此获取别人的同情与关注，使我们免于去做我们不敢做的事。这样做的问题就在于，它们会引来真正的疾病。

你吞入口中的东西决定了体形和重量，你从口中说出的东西决定了你的现实。

演讲中，我曾经面对成千上万的人，问他们是否认识某个经常抱怨自己身体健康状况的人，如果是就请举起手来。然后，我会接着说：“下面，如果那个经常抱怨自己身体状况的人也确实经常得病，请继续举着你的手。”一般来说，差不多百分之九十九的人手还是举在那里。

健康不良是一般人最常发出的抱怨之一。人们抱怨自己不健康，扮演病人的角色，以获取同情心和注意力，并且回避那些让自己“反感的事件”，例如采取更健康的生活方式。当然，真的有一些人是因为不健康所以抱怨的，但是抱怨身体状况往往会使其将注意力集中于痛苦之上，让自己的生活变得更加痛苦。

W. 多伊尔 · 金特里（W. Doyle Gentry）博士在《如何获得快乐》（*Happiness for Dummies*）一书中写到过一个因车祸而终生病痛缠身的人。

此人几乎试遍所有缓解病痛的方式，但是很多时候他仍然遭受着无法控制以及无法忍受的痛苦。最后，他想了一个办法，那就是做一点事情使自己的注意力从病痛上面转移开来。多伊尔写道，这个人会坐在电脑前，阅读所有自己感兴趣的东西。因为注意力从病痛上转移开了，他遭受的痛苦似乎也就没有那么重了。

抱怨自己的病痛，不仅是让全世界都知道你所遭受的痛苦，同时也会让你自己的身体不自觉地寻找、体验病痛。

有时候，人们会说："哦，那么也就是说，你让我假装自己可以，直到取得成功。"

不。

其实，根本没有所谓的"假装自己可以，直到取得成功"（取自流行歌曲）这回事。尽管这首歌把它唱得轻巧，但是这根本不适用于人的转变。一旦你开始想要模仿别人，你就会变成别人那样的人。而改变的第一步就是要表现得像那个你想要成为的人一样。这是自我控制的第一步。把这最最关键的一个步骤称为"假装"，其实是轻视了其重要性。

> "我们不可能在保有旧习的同时，变成自己想要成为的样子。"
>
> ——马克思 · 迪普利（Max De Pree）

你并不是在假装。你是在暂时地成为别人，你是在慢慢地向你自己的目标靠拢。

生命并不是静止不动的，生命是在不断变化的。当你生病的时候，你可能会病得更厉害，也可能病情会好转起来。十几岁时，我身材肥胖，我可以做出行动使自己变得更加匀称、健康，也可以放任自己变得更加肥胖。一旦改变了自己的饮食结构，我就变得匀称、健康，成了我一直想要成为的那种人。

扪心自问："我是不是曾经装过病？我是不是现在就在装病？"当你抱怨自己的身体状况时，你可能会得到别人的同情以及关注，但是你使自己一直处在痛苦之中。

你或许听说过"心身症"（psychosomatic illness）这个名词，并且听说有人患有心身症。一般来说，人们认为心身症是精神不健全者无中生有"捏造"出来的疾病。

"psychosomatic"（心身）一词，是由"psycho"（心）和"soma"（身）组合而成，代表"心/身"之意。从某种程度上来说，我们都是"心/身"合一的，因为我们都听从身体和心理的双重表达。

罗宾·柯瓦斯基博士的研究表明，据医生预计，他们有差不多三分之二的时间都是在治疗这类病人——他们生病的原因其实都是心理问题。

> "不论你是头痛、坐骨神经痛、得了麻风病，还是被雷击了，我都恳请你无论如何都保持平静，不要破坏掉这美好的早晨。"
>
> ——拉尔夫·沃尔多·爱默生（Ralph Waldo Emerson）

想想吧，有三分之二的疾病源自病人的心理，或者病情因为病人的心理状况而趋于恶化。心之所信，身之所现。数十篇研究报告显示：一个人对于自己健康状态的认知，将导致这样的认知最终在他们自己身上实现。

美国国家公共广播电台（National Public Radio）曾进行过详细报道：医生如果告诉病人，有一种药非常有可能治愈他们的疾病，这种药对这些病人发挥的功效，就要比使用了相同药方却没有接收到这一信息的病人大许多。报道继续指出：曾有一项研究发现，患有其他生理疾病（如高血压）的老年痴呆症患者，服药的疗效常会打折扣，因为他们的记忆力衰退，可能记不得要每天吃药。心理之于身体，确实有着极大的影响力。

我曾受托到医院去探望一位女士，在这里我们暂且称她为"简"。进病房之前，我先到了医护室向医生和护士探询她的病情。

医生说："她中风了，但是可以完全康复。"

我敲敲病房的门，却听到气若游丝的声音："谁啊？"

"简？我是威尔·鲍温。"我回答道。

进病房后，我非常怀疑医生的判断。简看起来完全不像一个"没事"的人。她又问了一遍："你是谁啊？"

> **"如果你一直说不好的事情将会发生，那么很有可能它就真的会发生。"**
>
> **——伊萨克·巴舍维斯·辛格（Isaac Bashevis Singer）**

我热情地答道："我是威尔·鲍温，威尔牧师。"

她说："真高兴你来了。我快死了。"

"你说什么？"我问道。

"我快死了。我就有几天的活头儿了。我很高兴你能过来，我们来策划一下我的葬礼吧。"她说。

就在这时，一位医生来帮她做例行检查，我把医生拉到一边，说道："我以为你说她没事呢。"

医生说："她是没事啊！"

我说："可是简刚才告诉我，她快死了。"

医生诧异地瞪大了眼睛，走到床边叫她："简？简！"

简睁开眼睛。

"亲爱的，你只是中风，不是快死了，你没事的。再过几天，我们就会把你转到康复病房，你很快就可以回家，和猫咪马提在一起了，知道了吗？"

简虚弱地微笑着，轻声说："知道了。"

等医生离开病房，简继续跟我说起之前的话题："能请你拿纸笔记一下吗？"

"干吗呢？用纸笔记什么呢？"我问。

"我们要策划我的葬礼啊，我快死了。"她说。

"可是你还没要死啊！"我提出异议，"我会先记下来的，但是要等很久之后你死的时候，我再准备你的葬礼。"

简慢慢地摇摇头说："我就要死了。"然后开始巨细靡遗地对我说起她的葬礼要怎么办。

我离开病房后，又去找医生谈了一次。我说："她确信自己快死了。"

医生微笑着说："好吧，我们都难逃一死，简也不例外。但她只是中风，这不会要她的命。她真的会完全康复，没有一点后遗症。"

两个星期后，我主持了简的葬礼。

医生怎么说都没有用，简认定自己快死了，而她的身体也相信了她，并且对此做出了相应的反应。

当你抱怨健康问题时，就是丢出负面的说辞，让你自己的身体听见。这种负面的说辞会在你的脑海中烙下印记，而你的想法（心）也会将这股能量导入体内（身），引起更多的健康问题。

> “要达到身心健康，我们需要认识到，我们的思想、语言、行为都会影响到我们的整体健康。同时，我们也会受到身体、心理、精神方面的多重影响。”
>
> ——格雷格·安德森（Greg Anderson）

你可能会说：“可是我真的病了啊。”请相信我，对于你相信自己生病了这一事实，我并没有怀疑。但请不要忘记，医生估计有百分之六十七的疾病，都是患者“自以为生病”造成的结果。我们的思想创造生活，语言又表明思想。抱怨疾病并不会缩短生病的时间，也不会降低疾病的严重性。相反，抱怨往往会起到相反的效果。

请认真想想看，当你谈起自己的病，有多少次你也许只是下意识地想要博取同情、关注，或者逃避做某事。当你抱怨健康问题时，请记得你可能是在用汽油灭火。你可能想变得健康，但当你抱怨自身的疾病时，你其实就是在把制约健康的能量传送到全身。

> “当你感到忧郁沮丧或乖张任性，切记不要通过抱怨公之于众；相反，你要尽量隐藏这种情绪，隐藏情绪的过程中，你会将不良情绪驱走。”
>
> ——塞缪尔·约翰逊

1999年，我的好友霍尔在三十九岁的壮年便被诊断罹患第四期肺癌，医生估计他只剩半年不到的寿命。

除了死亡通知书，他还面临着其他的难题。虽然他以销售健康保险为生，但他自己连一份保险也没有。他的账单堆积如山，一直以来都得努力打拼，才不至于让家里断粮断电。当得知他来日无多时，我去探访他，被他乐观向上的态度所震撼。他没有抱怨，只是说着他这一生有多么美好，以及自己有多么幸运。

从头到尾，霍尔都极富幽默感。有一天，我邀请他到屋外散散步，但因为他实在是太虚弱了，所以只能走几步路。我们站在他的家门外，一边享受新鲜的空气，一边说着话。霍尔注意到几只大型红头美洲鹫就在我们站立处的正上方，缓慢、懒散地绕圈而飞。他指着那些红头美洲鹫说："噢，这可是不好的预兆！"当我看到他眼中淘气的光芒时，我们俩都不禁大笑起来。

等我们俩终于都笑够了，我问他："你经历了这一切，怎么还能够做到不抱怨？"

他倚着拐杖，笑着说："很简单，今天不是十五号。"他自觉已经回答了我的问题，便开始慢慢走进屋里。

"这跟十五号有什么关系？"我快步赶上他，疑惑地问。

霍尔停下来，笑着说："确诊的时候，我知道这一切会很难熬，我可以咒骂上帝、科学和所有人，也可以把焦点放在我生命中美好的事物上。所以，我决定每个月给自己一个'不爽日'来抱怨。我随意地挑了十五号作为不爽日。每当我想抱怨什么事，就告诉自己要等到十五号才能抱怨。"

"有效吗？"我问。

"非常有效。"他说。

“但是，这样一来，你每个月的十五号岂不是很难过吗？”我问。

“那可不会！”他答道，“等到十五号到来的时候，我早忘了本来要抱怨什么了。”

尽管霍尔住的地方距离我家有两小时车程，我还是每周去探访他两次，直到他走完这段艰难的时期。大家都说我是个了不起的朋友，很体贴，花了这么多时间陪伴他。然而，我这么做其实是为了自己。霍尔教导我，即使面对如致命疾病这般艰难的处境，我们也可以从中找到快乐。

对了，大夫的诊断可不准。霍尔没有在六个月内死去，而是在确诊后又过了两年快乐的生活，享受着周围人的祝福，也为身边的每个人祈福。他战胜了医生的诊断，多活了一年半。对生命充满感恩，而非抱怨，这是种能够确保健康的力量。

我们的不抱怨之旅走到这里，你应该已经开始意识到自己何时抱怨、多么经常抱怨了。现在，你已经意识到了自己的无能。

第二部分

有意识的无能

第三章

抱怨与关系

真诚的分享

我的事业到达了一个瓶颈阶段，我意识到应该改变自己的工作态度。一天上班时，我给我的妻子打了个电话，让她从图书馆帮我借回来几本有助于自我提升的书。

晚上回家后，我看到柜子上放着六本妻子给我借的书。我一本本翻看着它们，突然一本书吸引了我的注意力：威尔·鲍温的《不抱怨的世界》。我真的非常喜欢这本书所传达的信息。对于其中的故事，我感同身受，并且开始挑战二十一天不抱怨。

我自己买了一本书，用橡皮筋作为我的不抱怨手环。我的一些同事也开始接受不抱怨的挑战。这变成了一场比赛，我们会互相询问彼此处于哪一天，并且分享是什么事件让我们发出抱怨，重新回到第一天。

很快，我们发现，我们很难再在一起喝咖啡闲聊了。我们得字斟句酌，才能在对话中避免抱怨与讲闲话。

最大的变化还是出现在我的家里。一天晚上，我和我的妻子在厨房里接吻，她问我："你注意到了吗，我们现在接吻的次数比以往多了。"

我们发现，之前回到家后我往往会抱怨当天的工作，这让我们俩心情都不愉快。抱怨并不能帮助我们形成良好的关系。而现在，回到家后我不再抱怨，这让我们俩情绪愉快，更加享受在一起的甜蜜时光。

我用了差不多六个月才完成二十一天不抱怨的挑战。我改变了与别人交流的方式，这让我变得更加快乐。我现在还经常在车载CD设备中播放这本书的音频，激励我自己继续保持，永不抱怨。

——肖恩·奥康奈尔

新墨西哥州阿尔伯克基

不抱怨者收获幸福。

——阿布·贝克尔（Abu Bakr）

当你进入“有意识的无能”阶段，你可能会不太舒坦地察觉（意识）到，自己有多常抱怨（无能）。你开始能够发现自己正在抱怨，但是等你发现时往往为时已晚，并且，你仿佛根本无法停止抱怨。你不断地移动手环，但是你的抱怨好像并没有减少。有人曾戏称此阶段为“在我再次抱怨之前制止我”阶段。

很遗憾，许多人在这个阶段就放弃了。对他们来说，可能是有生以来第一次，他们意识到自己是多么经常抱怨，并且意识到自己的无能——他们无法控制自己的抱怨。这一切都是那么令人难受，所以很多人把手环丢到抽屉里（或者是恼羞成怒地丢到窗外），暗自希望没人会再问起他关于手环的事情。

如果你现在感觉不大舒服，那就对了！不舒服意味着你正在进步。你上道了，你只需要继续坚持下去。神学家查尔斯·H. 司布真（Charles H. Spurgeon）曾经说过，不论你的进展是不是慢如蜗牛，你其实正在朝着自己的目标进发。意识到自己的抱怨，尽管你现在还没有办法控制它，但这确实是通往胜利的必经之路。

“只要坚持不懈，蜗牛也能爬上挪亚方舟。”

——查尔斯·H. 司布真

最近，我更新了笔记本电脑的操作系统（我就是用这台笔记本电脑写作此书的）。我已经用这台电脑好几年了，非常喜欢它。但是，新操作系统的布局设置与我电脑触控板的方向相反。此前，如果我想让屏幕向下滚动，我的手要在触控板上向下移动。而现在，大部分的触摸屏幕都采用了相反方向的动作，以模拟用手翻页的实际效果。我刚刚更新的操作系统就是这样。

在我写到“有意识的无能”阶段时碰到这一问题，这真的是太意味深长了。使用这台电脑两年多后，现在却要将手指朝反方向移动来控制它。之前的几天，我的手指总是习惯性地按照原来的方式移动；如此，屏幕上的页面总是朝着我所期望的方向的反方向移动。可想而知，对此我是有多么沮丧。我明明知道触摸板的方向变了，也一直告诉自己应该朝反方向移动手指，但是这一切都没用。两年多来我养成了一个习惯，我无法一下子就改变过来。我花了好几天的时间训练自己，以重新适应新的操作系统，而这很难受。在这方面，我非常无能，同时我也清醒地意识到自己的无能。

现在，操作系统升级一周后，我的手指开始自动地朝着新的方向移动。我甚至根本用不着去想它了。事实上，新的操作方法变得如此自然而然，就好像一直以来我都是这样操作电脑的。所以说，当你感觉到你处在这样一个阶段——你能够意识到自己的抱怨，同时急切地想要抑制抱怨但是做不到——请你放松下来。记住，过一段时间，你就能够控制自己了。

耐心点。改变自己，不再抱怨，以后有的是好事情等着你呢。

我们在前文探讨过，抱怨使你的关注点集中在错误的事情上，将你的注意力从你期望的事情上分散开来；并且，抱怨有碍健康。此外，抱怨还会破坏关系。我写过一本名为《不抱怨的世界2：关系决定命运》的书，书中详细介绍了抱怨对关系的不良影响。在这一章节中，我们就一起来看一下抱怨是如何妨碍甚至破坏我们的关系的。

早在1938年，心理学家路易斯·特曼（Lewis Terman）采访了多位精神病专家以及心理咨询师，试图找到不幸婚姻的共同症结。他的研究发现：幸福的夫妻和不幸的夫妻最大的区别就在于，更多不幸福的夫妻认为自己的伴侣爱争辩、尖刻、爱唠叨；也就是说，不幸福的夫妻更爱抱怨。

在《夫妻抱怨性互动分类》（A Descriptive Taxonomy of Couples' Complaint Interactions）一文中，J. K. 阿尔伯茨（J. K. Alberts）博士写道："各种研究表明，消极的状态和沟通方式，常会导致不和谐的关系。"

换句话说，不幸福的关系的最大特点就是在这段关系中抱怨常存。

抱怨能够扭曲、减弱，甚至摧毁一段本应带给我们幸福快乐的关系。当我们抱怨时，我们的关系也会停滞不前，渐渐变味。抱怨使我们的注意力集中在彼此的问题上，而不是最初让我们相互吸引的优点上。这种注意力的转向使我们身陷一种无法得到满足的感觉中，并且使对方也感到不满足、不满意。

抱怨也许能够帮助你获得某些社会效应，如赚取别人的关注和同情。有些人的关系甚至就建立在抱怨的基础上。但是，在这样的关系中，那些抱怨的人也应该小心。研究表明，长期习惯性抱怨者如果过度抱怨、负能量过大，最后往往会被那些自己也同样爱抱怨的人排斥。

咯吱作响的车轮能够得到润滑油的滋润。但是，如果叫声过大，它就该被换掉了。

有趣的是，人们往往更愿意向朋友、家人、同事抱怨，同时，大部分人更愿意与比自己抱怨得少的人交游。我们喜欢那些乐观向上、能够激励我们的人，不管他们比我们积极多少。所以，要想改善你与爱人、朋友、同事、孩子的关系，一个有效的方法就是减少抱怨。

对于这个问题，你可以这么理解：如果你有机会的话，你是更愿意与小熊维尼，还是小驴屹耳（动画片《小熊维尼》中的人物，经常自怨自艾）共度一天呢？

你可能认识这样一些人，他们的负能量是如此之大，以至于你在跟他们交流的过程中会感到精疲力竭。滑稽演员丹尼斯·米勒曾经说过：“这世上有些人以焦虑著称。”这样的人能够耗尽你的精力。对于同样一只只盛有一半水的杯子，乐观的人会说杯子里有一半水，悲观的人会说杯子有一半是空着的；而爱抱怨的人可能会告诉你，杯子中的水没准儿有毒。

> “这世上有些人以焦虑著称。”
>
> ——丹尼斯·米勒

畅销书作家、精神导师艾克哈特·托尔说，每个人的体内都有一个“痛苦体”。痛苦体是你身体的一部分，当听到不好的消息，或者是要与别人对峙时，痛苦体就会快速行动起来。也许某些情况并不理想，甚至十分恼人，但是它们能够刺激到你的痛苦体。有些人对这种感觉非常迷恋，对他们来说，这简直就是一种无法戒除的瘾。

我们管这种现象叫“疼痛成瘾”。当你感觉到疼痛，不管是真实的疼痛还是想象中的疼痛，你的身体都会向血液中释放内啡肽。内啡肽其实是一种人类体内自身形成的吗啡和麻醉剂。当你感觉到痛，或者当你在抱怨时引发了情绪上的痛苦时，身体就会释放这种麻醉剂。

它的运作原理是：抱怨引发疼痛，疼痛释放麻醉剂，麻醉剂令你兴致高昂。你可能没有注意到这种因麻醉而高昂的精神状态，因为这种麻醉剂的剂量很小，差不多和浓咖啡中的咖啡因含量差不多。但是，就像喝咖啡成瘾者想要戒掉咖啡因时会屡屡失败，人们若想戒除抱怨也会屡屡受挫。

在人与人的关系方面，请记住你和对方身上都存在着一种激活身体的痛感、产生麻醉剂的倾向。知道了这个，你就能够在不自在的交流交往中，时刻保持神志清醒。

在不幸的关系中，一个人单方面或两个人双方面都会向对方抱怨，或者抱怨对方。抱怨令人精疲力竭、空虚失落，并且能够使你自己感到躁动不安、戒备十足。

当你不再抱怨了，也不要指望别人能够立马停止抱怨。这时，你还是应该把抱怨看成是一种毒品。我们很多人都会遇到这样的情况：我们周围的其他人酗酒、吸烟、吸毒，如果其中一个人脱离了组织，其他人会感觉自己受到了威胁。我自己是这么理解的，之所以会产生这种现象，是因为其他从事不良行为的人打内心深处知道自己这么做其实不好，因此当别人不再继续这么做了之后，他们会更加意识到自己的问题。

当我们身边的人都多多少少有所抱怨时，我们会感觉到不舒服。我们的振动能量不同，振动能量不同的人会互相排斥。

理查德·巴赫（Richard Bach）在《梦幻飞行》（*Illusions*）中曾写下一则简单深刻的真理："同类相吸。"同样类型的人，不管他们是乐观还是悲观，总是吸引具有同样能量的人。我们都是散发着能量的人，如果我们的能量具有不同的频率，我们是不可能合得来的。

其他人也许不仅不会支持你，反而会在你不抱怨的积极转变的旅途中妨碍、阻挠你。这很遗憾，但事实往往如此。

1967年，一个猕猴实验向我们证明了这一点。实验人员在猴子的笼中放了一个玩具，一旦猴子们试图接近这个玩具时，实验人员就会惩罚它们（具体惩罚措施没有披露）。

后来，实验人员往笼子里放了一只新的猴子，这只猴子没有因为靠近玩具而受过惩罚。但是，其他的猴子会在新猴子接近玩具时惩罚它；那些没有参与惩罚袭击的猴子也挑衅地弓起背来，跃跃欲试。

朋友、家人、同事，甚至只是认识的人，他们都会成为我们前进道路上的威胁，特别是当我们想要接近美好生活这个"玩具"时。尽管你在努力地尝试着去做一件对你真正有益处的事情，但是很多人会阻挠你的行动。讽刺的是，一旦你真正变成了一个更快乐幸福的人，同样的人又会过来问你快乐的秘诀。这时，你就笑着给他一只手环吧。

关于抱怨，人们最大的误会就是：他们觉得只有抱怨才能让别人做出改变。然而，事实上，当你向别人抱怨的时候，你其实是在认定对方会做你所抱怨的这件事情，而对方往往更可能会重复这种使你产生抱怨的行为。

你对别人（包括自己）的抱怨从来都无法带来积极的改变。

当你说“你总是把袜子扔在地上”时，对方会继续把袜子扔在地上。这就像是《星球大战》（Star Wars）中绝地武士的那些控制对方思维的小把戏。你的评论使他们在心目中认定自己就是一个把脏袜子随手扔在地上的人，所以他们会继续做出这种行为。更好的方法是：说出你的期望；当对方开始朝你说的方向努力时，给予真诚的表扬。

我认识一群女性，她们生活在堪萨斯市，每周都举行聚会进行“小组治疗”。她们会在一家墨西哥风味饭馆碰面，一边喝点小酒，一边抱怨男人。据我了解，她们的主题主要是：“所有男人都是狗！”

想想看，你和朋友们在一起花了好几个小时的时间抱怨你身边的男人是狗，回到家后，毫无疑问你会认为那个坐在沙发上的男人其实就是一只狗。你的头脑会为你的预言寻找依据，你的抱怨会变成一个必然会实现的可怕预言。

无怪乎，这些参与“小组治疗”的女人没有一个能和男人维持健康幸福的关系。她们想不想要健康幸福的关系？当然想。但是通过抱怨，她们向外发送出“男人是狗”的振动能量，使得她们不由自主地在男人身上寻找“狗才会做出的行为”。

寻找就必寻见。她们用自己的抱怨创造了自己的现实。

也许你会觉得，你的伴侣并不理想，你只是和一群有着类似问题的人一起交流经历、互相扶持。但是，仔细想来，抱怨其实会使人更加不快乐，因为抱怨使人认定自己的关系是有问题的。

语言表明思想，并且能使思想更加根深蒂固、无法改变。所以，在抱怨的时候，你其实是在排斥那些你期待、渴望的东西。抱怨让你亲手送走那些你声称想要拥有的东西。

一对夫妇（在此我们暂且叫他们罗兰德和洛林）有一个女儿，他们认识了另一对夫妇，那对夫妇正好有个儿子和他们的女儿同龄。四个大人间有很多共同点，小孩也喜欢在一起玩，所以两家人经常在一起相聚。然而，过了几个月之后，罗兰德夫妇开始有点害怕四人相聚了。

一天晚上，洛林说：“我真的很喜欢他们两个人，可是她每次一跟我说话，就只会抱怨她先生。”罗兰德回答说：“他也是，他总是抱怨自己的妻子。不仅如此，他好像还打定主意要找出我俩之间的问题来。”

若你直接跟真正能解决问题的人交锋，那也就算不上是抱怨了。

觉得自己悲惨的人不但喜欢把别人也拖下水，还喜欢从别人身上找自己抱怨的依据。久而久之，这对夫妻找借口疏远了这家人，最后终于和他们断了联络。

想要不再抱怨，那么你就需要开始练习掌握一种健康的沟通方式。上文故事中提到的那对爱互相抱怨的夫妻，他们其实应该直接与对方好好沟通一下，解决他们之间的问题，而不是去向自己的朋友抱怨。

这看上去是个不言自明的道理，但是大部分人做不到。当人们在老板那边受了气，他们会向自己的伴侣抱怨；在伴侣那边受了气，他们会向自己的朋友抱怨……他们会和所有的人抱怨，唯独不去跟那些真正能够解决问题的人沟通。因此，他们在生活中常常会感觉到失望透顶，不知道自己究竟应该怎么做，才能改善与别人的关系。

关系有两个作用：

1. 带来快乐。

2. 助人成长。

快乐是我们在与别人的交往中获得的宝贵感受，成长则是源于在人际交往的过程中我们会想起那些一直没有得到解决的问题。当我们与别人结交了一段时间后，一些之前就存在的旧问题会开始重新浮出水面。美国“我的姐妹”乐团（She-daisy）曾经在一首名为《别担心》（Don't Worry 'Bout a Thing）的歌曲中这样唱道：“我们的身体里存着一些垃圾。”而人与人之间的交往，就能让你意识到之前就已存在的问题，解决体内的垃圾。

> “人们不可能自己白白受苦，让别人好过——其实，每一句抱怨都含有报复的成分。”
>
> ——弗里德里希·尼采（Friedrich Nietzsche）

要解决这些问题，大部分人并不会直接与当事人沟通，而是会责怪别人，向朋友抱怨，并在自己的抱怨中扮演受害人的角色。而关系的存在，能够帮助人直面问题，并一步到位解决问题。

不去和引发问题的人谈，反而去找另一个人说，这就相当于制造了一个“三角问题”——也就是说，你和某人之间有点矛盾，但和另一个人讨论这个问题，而不是直接找当事人解决。健康的沟通是：直接找那个和你之间存在问题的人谈，而且只跟那个人谈。

三角问题是一种无效的抱怨，它不仅不会解决问题，反而会使问题永远存在。

在你的人生中，你可能也经历过这样的事情：你的孩子可能会对自己的手足很不满，却跑来找你投诉。于是，你这个睿智、仁慈的家长便介入了孩子们之间的事务——你要不就是劝诫这个不满的孩子，要不就是雪上加霜，亲自去找另一个孩子兴师问罪。短期来看，你可能化解了当下的困境，但你没有给予孩子他们在未来解决类似问题时需要的方法，没有教给他们如何处理他们未来生命中可能存在的问题。你允许这个抱怨的孩子在当前的情况下继续当受害者，而且让他继续维持这样的“三角”模式，去应对此后人生中的挑战。

当然，你是想帮助、支持孩子，但是当你试图解决他们彼此之间的问题时，你并没有树立起健康沟通的榜样。甚至，你还无意中给予孩子错误的鼓励，让他们今后习惯性地请你介入他们的冲突中，不管情况严不严重、事情重不重要。

你最好让他们彼此沟通，相信他们能够自己化解彼此之间的冲突。这么做等于是给了他们一份重要的礼物，教他们学习健康沟通的方法。而且，更重要的是，你这么做也帮助他们意识到：他们自己就有解决问题的能力。

三角问题在一些教会里也存在着。最近我听说，有位牧师向一位牧师说起另一位牧师领导教会的方式。滔滔不绝讲了几分钟之后，那位倾听的牧师（他一直保持沉默）按下了电话的扩音器，打给被非议的牧师。

被非议的牧师接起电话，之前一直在倾听的牧师说："艾德吗？我是杰瑞。我和麦克坐在一起，他正在分享他对你和你们教会的看法。我不想变成这个三角问题里的一角，并且我知道你一定很愿意听到他想分享的内容。所以，下面就让麦克跟你讲。"

麦克目瞪口呆地坐着，满脸通红。他嗫嚅着说了些自己的意见，然后就让杰瑞挂掉了电话，站起来颤颤巍巍地走出了杰瑞的办公室。

那一刻，麦克牧师清楚地收到了这个讯息：在背后议论别人是不正直的事；而杰瑞也设定了明确、严正的界线，确保自己不会再被卷入麦克的闲言闲语里。

还有一个事实你也必须认清：你之所以会注意到另一个人有缺点，是因为你自己也有同样的缺点。就像那些觉得"身边的人都满腹牢骚"而来索取紫手环的人通常也会习惯性地抱怨，你会发现别人身上惹自己厌恶之处，就是你和他们的共同点。只是，你对自己个性中的这一部分，还处于"无意识的无能"阶段。在另一个人身上注意到这个缺点，是宇宙指引你在自己身上认出它，并且加以修正的一种方式。

> "如果我们自身不存在缺点，那么我们也就不会那么乐于挑别人的毛病了。"
>
> ——拉罗什富科（François de La Rochefoucauld）

如果你非要指出别人的不足，不妨先审视一下自己，看看你自己是否也有同样的倾向。然后，请心怀感恩，庆幸自己有机会察觉到这个缺点并进行改正。当你发现并开始更加全面地认识自己的性格，也就是说当你开始接受自己的癖好后，你也就不会再因为别人身上的同样问题感到心烦意乱了。

还有，相反的道理同样也适用。出于同样的原因，你会在别人身上看到某些自己欣赏的优点——你自己也有这些优点，这也是你的特质。你欣赏的别人的优点其实也是你自身的一部分。这些优点可能正在你的体内潜伏着，如果你聚焦于此，在自己身上认真寻找而且好好培育，你就会凭借着专注力，让这些优点浮现出来。

你不只是通过思想和言语创造了自己的现实世界，同时也在影响着周遭的人。每个人的能量都会影响到关系的发展。关系就像一条大河，蜿蜒前行；关系中的人也被水流裹挟着，有时候可能根本还没意识到发生了什么，就被水流冲离了原来的方向。

有一种很简单的方法，能够帮我们认清关系如何影响人，以及在关系的影响下人们如何趋同。下次坐在观众席里，当大家开始鼓掌时，请注意一件事：如果掌声持续时间够长，人们就会渐渐开始以同样的韵律拍起手来。掌声会渐渐形成一种韵律，人们会保持同步的节奏鼓掌。这种现象被称为“曳引”作用（entrainment）。

人们在关系中互相曳引。

这样的现象，在我面对大批观众演讲时曾经证明过多次。演讲中我让观众持续鼓掌，直到我请他们停下来为止。有时候，同步的现象只需要几秒钟就发生了，有时候则要等一两分钟；无论如何，它最后一定会出现。掌声渐渐有了一种拍子、一种节奏：观众们开始有韵律地鼓掌，就像是同步的人类节拍器——他们之间相互曳引了。

曳引正如地心引力，它也是一种原理。它不好也不坏，只是存在着；而且它也像地心引力一样，随时都在运行。你一直都会与周围的人们保持同步；你曳引着他们，他们也曳引着你。当你待在其他抱怨者身边时，你就会发现自己的抱怨也越来越多了。当你自己渐渐不再抱怨，你身边人的抱怨也会越来越少。

要想改善自己的关系，不要坐等别人停止抱怨。你应该矢志成为关系中释放积极能量的那个人。你所追求的改变从来不是在“别处”；相反，改变就在你的自身。

“你所寻找的正是自己。”

——圣方济各（St. Francis of Assisi）

若想改善关系，就继续提升自己吧。你的为人以及你的语言，影响甚至决定了你的关系。

两个人在一起时，他们之间的对话是有机的、不断展开的。你一言我一语的评论，使对话不知不觉地从一个话题转移到另一个话题。一群人之间的对话就好比一群鸟的活动。

你是否曾经看到过这样一幅画面——一大群鸟在阴沉灰暗的天空中慢慢地飞过，不时调整转移方向？这群鸟看上去就像是一个整体，它们慢慢地飞往一个方向，盘旋一会儿，然后又懒懒散散地飞回来。然后，仿佛是听到了什么信号，他们在降落到空地之前突然高飞，形成一个紧密的螺旋形状。

研究鸟类飞行路线的专家们推理认为，鸟群中一定有一只鸟是领路者，指导鸟们的活动。他们做了许多相关研究，试图找到领路的鸟在引导整个鸟群时发出的微妙信号，但是他们根本无法辨别哪只鸟是领路者。每只鸟的行动都影响着鸟群的飞行路径。当其中任何一只鸟决定要往左飞或往右飞、加速或减速、飞高一点或飞低一点，它周围的鸟也会随之做出反应，整个鸟群也就随之改变了飞行路线。每一只鸟的行动都决定了整个鸟群的形状、行动、速度、高度以及方向。我们在天空中看到的鸟类千变万化的行动，都是千百万只鸟做出的个体决定造成的结果。

人的对话也是这样。其中一个人也许会提到一本书，然后人们就会讨论一会儿这本书。如果这本书是关于野营的，那么对话主题可能会转移到野营这个话题上来。对话就像是交响乐：一段旋律响起，其中一件乐器悄然变奏，然后引出一段新的曲调……如此，管弦乐队不断演奏下去。

在对话中，抱怨往往悄然出现，慢慢演变发展。就像是一只鸟的一个小小的动作最终影响了整个鸟群，一句小小的抱怨也可能最终影响所有谈话者，使人渐渐地情绪低落、语气沉重起来。

这一切都是在不自觉中发生的。一个人会先抱怨一句，如此一来，他吸引到了别人的同情或者关注。而其他人（也许根本没意识到自己也想要吸引同情和关注）也开始抱怨起来，并且抱怨的内容好像也比第一个人更加糟糕。你可以想象，人们对于第二个人的抱怨非常同情，异口同声地给出回应。第一个人不想被比下去，于是添油加醋继续抱怨起来；或者第三个人掺和进来，想要把前面两个人都比下去。很快，一场全员参与的抱怨比赛开始了。

在人与人的对话中，抱怨往往越来越重。下一次当你和别人在一起时，你可以注意观察一下当一个人开始抱怨时，后面会发生什么。一般来说，第二个人会说一个主题相同但是结果更加不尽如人意的故事。另一个人想要把前两个都比下去，于是很快所有人都绞尽脑汁想要找出与主题相关的最惨痛经历——本来飞往闪耀光明的鸟群，却坠落在幽暗的山谷。

抱怨是一场竞技活动。抱怨总是不断发展。如果一个人抱怨在滑雪时扭伤了脚，另一个人就会说摔断了腿的故事。然后，第一个人就会抱怨说扭伤更痛，而且恢复时间更长。对此，第二个人会说，尽管一些扭伤比摔伤更痛苦，但他的摔伤无疑是非常严重的，然后向人们亮出自己受伤的腿，展示自己治疗时钉钢钉留下的疤痕。

抱怨是一场竞技活动。

抱怨往往都会走向一个方向——更悲惨的经历。想象一下：你与朋友们聚在一起，这时一个人抱怨说自己在一周之内既丢了工作，又被女朋友甩掉；然后，另一个人诉苦说自己在同一周手上生倒刺、脸上长粉刺。如果是这样的话，其他人肯定会奇怪地看着第二个人，仿佛他脑子有病。抱怨的程度总是不断增强的。

关于抱怨的特点，有个很好的例子可以说明——英国喜剧《巨蟒剧团之飞翔的马戏团》（Monty Python's Flying Circus）在1974年发行专辑《皇家剧院现场演出》（Live at Drury Lane），其中有一个段子《四个约克夏人》（The Four Yorkshiremen）就讽刺过这样的情形。

在这段短剧里，四位严谨优雅的约克夏绅士坐在一起，品尝着昂贵的红酒。他们的对话起初是积极而正面的，然后就微妙地转为消极而负面的；随着时间进展，他们开始以抱怨来互相较劲，最后一发不可收拾。

刚开始，有一个人表示，几年前他能买得起一杯茶就算很好运了。第二个人想把第一个人比下去，便说他能喝到一杯冷掉的茶就算庆幸了。

其他两个人也加入了，抱怨的声浪加速蔓延，他们的论调迅即演变得荒唐可笑，每个人都试图证明，自己过的才是最艰困的生活。其中有位绅士一度谈到自己成长时所住的房子有多么破烂，第二个约克夏人则转动着眼珠子说道："房子！有房子住就很不错了呢！我们以前只住一个房间，一共有二十六个人，什么家具都没有，地板有一半不见了，我们怕掉下去，就挤成一团缩在角落里。"

抱怨就这样你来我往，持续不断……"噢！你真幸运还有房间住呢，我们以前都住走廊！"

"噢，我们以前还梦想能住走廊呢！我们是住在垃圾场的旧水箱里。每天早上醒来，都有一堆臭鱼倒在我们身上。"

"呃，我说的'房子'只是地上的一个洞，用防水布盖住，这对我们来说就算是房子了。"

"我们还从地上的洞里被赶出来，只好住在干掉的湖床上。"

"你们有湖已经很不错了！我们曾经一百五十个人挤在路中间的一只鞋盒子里住。"

最后，其中一个绅士觉得抱怨太离谱了。他深吸一口气，坐直身体，眼神坚定地说道："好了，好了。我曾经每天早上十点起床，每晚睡觉前半小时喝一杯硫酸；每天在磨坊里工作二十九个小时，还得自己付钱求老板让我工作。当我们回到家，我的父母会杀了我们，然后在我们的坟墓旁边唱'哈利路亚'边跳舞。"

想要变成一个不抱怨的人，首先你要把自己的情绪从消极模式调整到积极模式。然而，你身边可能会一直有人向你抱怨或者抱怨你。他们的消极表达可能会诱使你也加入抱怨的活动中，并将这根抱怨的接力棒传送给其他的人。

有一天，我来到一家自助餐厅吃饭。老板领我入座时，我无意中听到有人在轻轻哼唱披头士乐队（the Beatles）的《太阳出来了》（Here

Comes the Sun）。当我排队取餐时，我发现我自己也在不自觉地哼唱着这首歌。

吃完饭后，我到旁边的商店买东西，看到了一个刚才在自助餐厅取餐时站在我旁边的女士。她现在也哼着《太阳出来了》，没准儿就是因为在排队时听到了我哼这首歌。我不禁开始想，有谁会听到她哼的歌并开始哼唱，又有谁会听到那个人哼的歌……我真想知道这能传递给多少人。

我们的语言，不论是积极还是消极的，都会以同样的方式传给别人。我们可以选择通过抱怨来向世界传递负面的情绪，也可以下定决心让抱怨传到我们这边就为止。

我接到一个路易斯安那州的牧师打来的电话，她告诉我说：“不抱怨是个彻头彻尾失败的想法！”

我问：“怎么会呢？”

“在我的教会中，我把手环发给大家，并做了一系列相关的布道。但他们还是像以往一样抱怨，一点都没有改进。”

“你花了多少时间完成二十一天不抱怨的目标？”我又问。

她说：“我没有完成。我近来日子很不好过，所以我就把手环放到一边了。”

我提醒她，伟大的罗马哲学家普布利留斯·西鲁斯（Publilius Syrus）曾经说过：“大海上风平浪静时，每个人都能够掌舵。”并且，我建议她戴起不抱怨手环，给自己的教众做一个榜样。她不自在地嘟囔了几句，然后很快地挂掉了电话。从那以后，我就再也没接到过她的电话。

其实，不知为何，这位牧师并没有把握住领导的核心理念以及创造积极关系的关键点。我们必须以身作则，为别人做出榜样。本杰明·富兰克林曾经说过：“最好的训诫就是以身作则。”如果你想要让别人做出改变，如果你想改善关系，那么你就要首先改变自己。

> “我们必须活出想要让别人效法的样子。”
>
> ——甘地（Gandhi）

我之前提到过，由于不抱怨理念在全球的风行，我有幸在全球多个组织、企业进行演讲。其中，有些领导人本人接受了不抱怨的挑战，努力达到了二十一天不抱怨的目标。在他们的组织、企业里，工作人员士气增长得更快，效益增长得更多。因为员工们受到自己领导的感召，也急于加入不抱怨的行列，这样一来，就形成了一个积极的氛围以及强烈的集体感。

然而，有些组织、企业仅仅是邀请我过去演讲，并希望借此堵住内心不满的员工或客户的抱怨。一般来说，这样做几乎不会起到什么作用。

当老板、家长、牧师、教练、一家之主想要订紫色手环，希望“使身边所有人停止抱怨”时，我都特别想随手环寄给他们一张小字条，上面写着：“注意：若你自己都做不到，那么这是不会有用的。”

如果我自己没有在完成二十一天不抱怨之前不懈努力、移动手环千百次，如果我没有诚实地与大家分享自己是怎么一步步改变、进步的，不抱怨的理念就根本不会有任何影响力。

你想不想让自己的朋友、孩子、家长、配偶、兄弟姐妹、老板、同事以及其他人都不再抱怨？那就必须得有个人带头。必须得有个人敢于坚持自己的路线，虽然这意味着得一次次与身边的人产生摩擦。

如果你是一个领导人物，并且想要让自己负责管理的人们变得更加积极向上，那么，你要时刻谨记：领导就是冲锋陷阵、永远走在最前面为其他人指明道路的人。

如果你发现周围的人都爱抱怨，并且认为自己属于这个圈子，那么在你短暂的不抱怨之旅中，你会发现自己抱怨得其实比想象的多。并且，同类相吸，你周围的人也是如此。

当我进行二十一天不抱怨的挑战时，在差不多一个多月后，我发现自己能够连续几天不抱怨了。唯独每次一和老友斯科特（化名）通话，我总是会口出怨言。

有一次通电话，我的手环换了四次。我对一个我们共同的朋友说："在我完成二十一天不抱怨挑战之前，我得躲着斯科特。他总是会把消极情绪传给我，每次我们一说话我就会抱怨。"

她说："我从来没有觉得他消极。"

我问："这是真的吗？"

她回答道："是啊。每次谈话，我们都会快活、乐观地说说彼此生活中发生的事情。"

我过了段时间才反应过来这是为什么。也许，是我将自己与斯科特的交流模式预设为抱怨模式。下次他打电话过来时，我下定决心即使是沉默也绝不抱怨。我没有抱怨，而且，他也没有抱怨！

漫画人物波戈（Pogo）有一句话说得对："我们已经遇到了敌人，敌人就是我们自己。"当我不再跟斯科特抱怨时，我们的对话就不再充满了负面情绪和表达了。

不计其数的人告诉我，他们努力做到不再抱怨，爱抱怨的人现在对他们来说已经没有吸引力了。所以，要想让你周围的人也减少抱怨，最好的办法就是你自己先学会不抱怨。他们会感受到你身上的正能量，因此也会在交往中减少自己的负面情绪、负面表达。

想要做出积极的改变，第一步就是接受现状。逼别人做出改变只会让他们更顽固地坚持现状。

前几年，日本遭遇了该国历史上最严重的一次地震袭击。之前，中国也发生过大地震。

这两个国家用不同的口号号召人们做好准备，应对自然灾害。在日本，人们用了“忍耐”“承受”等字眼，而中国用了“战胜”。在日本，如果一栋建筑在地震中屹立不倒，人们会说这栋建筑“承受”住了地震，而在中国，人们会说这栋建筑“战胜”了地震。

地震时，冲击波从震中释放，摧毁其力所能及之一切地面建筑。人的抱怨也是如此：抱怨由内而外释放，对所有听到抱怨的人都会产生影响。我在前面曾经写到过，因为你阅读了这本书，因此你会开始注意生活中的抱怨，并且注意到那些发出抱怨的人——此前，你从来不曾留意过这些。此外，你还会发现，你会讨厌甚至痛恨那些整天抱怨的人。这时，想一想中日两国应对地震时所用词语的不同吧。

如果你想要成为战胜抱怨的人，那会比接受它们难得多。你必须学会相信，人是可以改变的；不然，你就可能会把别人归类为爱抱怨的人，并且无意中使不良的关系一直维系下去。

第四章

我们为何抱怨

真诚的分享

我是从《今日秀》这个节目中第一次得知不抱怨这个伟大计划的。我问同事有没有兴趣参加，大多数人都表示愿意，于是我们就订了手环。我们决定在等待手环送达的同时，在每周的上班日中定出一天，努力在那天不要抱怨，于是我们将星期一定为“不抱怨的星期一”。

我们在公司的布告栏和办公室四处都贴了标语，提醒大家不要在星期一发牢骚、诉苦和抱怨，这果然激励了整个办公室。现在每逢星期一，我们都会用“欢迎光临‘不抱怨的星期一’！”来彼此打招呼。

想想看，人生苦短。我们一直在追求生命中大大的恩赐（比方说赚更多钱、有稳定的工作、能减轻体重等）。但现在，我们要开始寻找每一天里小小的喜乐。

我觉得这个计划棒极了，我们真是有福之人！

——莎莉 · 司克蕾

俄亥俄州肯特市

消极滋生消极。

——伊丽莎白·库伯勒-罗斯（Elisabeth Kübler-Ross）

罗宾·柯瓦斯基博士曾指出，抱怨有五个原因。当你听到自己或者其他人抱怨时，你会发现人们之所以发出怨言，都是基于其中的一个或者多个原因。

为了帮助大家记忆，我创造了一种记忆法，将这五个原因简单地按照首字母缩写为G.R.I.P.E，即：

Get attention：寻求关注

Remove responsibility：推卸责任

Inspire envy：引人艳羡

Power：操纵力

Excuse poor performance：为欠佳的表现找借口

Get attention：寻求关注

人类天生有一种需要获得别人承认的需求。受到别人的关注使我们感到有安全感，受到了别人的关怀。受到别人的认可使我们感到一种归属感——我们属于某一个群体。人们之所以会抱怨，往往仅仅是出于我们对别人关注的需求，我们想不出另一种更加积极的能吸引别人关注的方法。

人们常常抱怨天气、工作、生活伴侣、孩子、经济、地方球队等以获得关注。其实，发出这些抱怨的人是在说："嘿，注意！我想跟你说话，我想获得你的关注，除了抱怨以外，我实在是不知道该说些什么。"

如果你的一个同事经常来到你这边抱怨，你可以这么想：他只是想要获得关注。然后，你可以采取措施，主动找他问一个问题。你可以问问他的爱好、家庭、健康状况等。主动给他关注，这样他就不再需要通过抱怨这种方式寻求你的关注了。

你也许会想：“我可没时间做这些事情。”那么，你就有时间听他向你抱怨了吗？你真的想要改变你和这个人的关系吗？

想要使对话积极乐观，有个方法非常有效——你可以问对方：“（你、你的家庭、你的工作、你的爱好等）最近有什么好消息吗？”

那些禁不住想要抱怨的人没准儿会回答说，他们最近在你问到的这个问题方面有什么不好的消息。这样的人习惯于通过抱怨获得关注，以至于他们从没想到过还有别的方式能让他们与人建立积极的联系。你不要反驳他们的回答，相反，你应该接受它们。你可以把这当成训练鹦鹉说话。你得耐心，反复努力，若能与对方建立积极的关系，这一切的努力都是值得的。

当别人开始抱怨时，微笑着巧妙地打断他，继续问：“你说得没错。可是，有什么好消息呢？”或者“你喜欢它哪一点呢？”或者“在理想情况下，你希望它怎样呢？”

当别人试图通过抱怨寻求关注时，问对方：“你有什么好消息吗？”

正如也许你得花上好几个星期的时间不断转移手环才能做到一整天不抱怨，也许你们得这样交锋好多次后对方才开始意识到，其实他的生活中也有好的方面。请你有点耐心以及同情心。请记住：这类人他们之所以抱怨，是因为他们害怕一旦自己不抱怨，就没法与别人建立关系了。

只要你坚持不懈，你一定能达到以下两点中的其中一点：他的抱怨少了，或者他开始躲着你了。

这就对了，你通过不断调整对话方向来确保你与别人的交流、交往是积极正面的，你的坚持可能会改变对方，或者让他躲着你。

就像你曾经害怕他过来朝你抱怨，当你努力地引导他给出正面回应时，他也会同样感到害怕，不敢再接近你。若一个人完全沉浸在自己的悲痛中，一点都不想积极起来，那么你积极向上的问题会让他感到厌恶——就像你厌恶他的抱怨一样。

无论如何，你都是赢家。

Remove responsibility：推卸责任

抱怨的人会说“你想让我怎么样？”“这根本不可能。”“你根本没法和政府较劲。”“这是市场部的错。”“狗把我的作业给咬了。”“她应该叫我起床的。”“交通太拥堵了。”“没人会帮我。”诸如此类。

这一类人之所以抱怨，是想要告诉别人取得某些成果毫无希望，以此来为自己的无能找理由。他们会说：“都没有用的，所以我也不会去试。”他是想要从对方那里寻求支持，巩固自己的受害者地位。

这样的抱怨者往往会责怪其他人或者责怪大环境，为自己的懈怠找借口。他们会责怪父母、经济形势、自己没受过教育、自己的年龄，以及其他一切可能的事情。他们沉浸在这些责怪中不能自拔。

麦克尔·布朗（Michael Brown）在《在场的过程》（*The Presence Process*）一书中，将blame（责怪）一词解释为be lame（无能的）。一个人责怪世界、责怪其他人破坏了自己的生活，这就是无能的；其实，这只是因为他觉得自己没有能力让事情变得好起来。这类人会拒绝你提出的所有改进意见。他根本不需要你的意见，他只需要你把他看作没有能力、完全无助的受害者。

> “责任是我们可以轻易推卸到上帝、命运、运气以及邻居头上的负担。占星学盛行的时候，人们还惯于将责任推卸给天上的星星。”
>
> ——安布罗斯·比尔斯（Ambrose Bierce）

一般来说，情况会是这样的：他向你抱怨，说自己遇到了一个问题。你给了他一个建议，他立马就会嗤之以鼻，告诉你，你的建议不会管用的，然后继续抱怨。你又给了他另一个可行的建议，而他会再一次否定这个建议。艾瑞克·伯恩（Eric Berne）在《人间游戏》（*Games People Play*）一书中，将以上做法称为“你为什么不……是的，但是……”游戏。你提出一个建议：“你为什么不……”然后对方立马回答说：“是的，但是……”然后，这个人会列举出所有的原因，告诉你为什么你的建议是不管用的。

一个自找“无能”的人可以一次玩这个游戏几个小时。他并不是想要让你帮他找到一个完成任务或者解决问题的方法。也许根据他的言论，你会认为他想要解决问题，但事实上并非如此。他其实是想要让你承认他的问题是解决不了的。他找了一堆理由，说明为什么做不成某件事。如果你赞同这些理由，那么这也就为他的不作为找到了根据。他想要推卸解决问题的责任，并且希望你能够支持他的行为。

伟大的励志专家托尼·罗宾斯（Tony Robbins）有个妙招，专门对付这类人。二十多年前，我在他的一个讲座中学到了这个方法，并且已经使用了成千上万次，屡试不爽。当一个人说“这是不可能的”，你应该如此回应：“假设这事能够做得到，你会怎么去做呢？”

当别人通过抱怨来推卸责任，你应该问：“假设这事能够做得到，你会怎么去做呢？”

读到这里，你也许会觉得这种说法太轻蔑、太刻意，怀疑对方听到这句话后会不会指责你玩弄他们。但是，每一次我这么说的时候，这句话真的奏效了！当对方开始罗列理由，说明某事为什么是做不到的，你就问他：“假设这事能够做得到，你会怎么去做呢？”这会帮助对方打开思路，不再只把自己的思考局限在难处上，而是考虑解决问题的可能性。他会开始思考完成任务的方法，将思路转移到怎样成功地解决问题上。

如果你问：“假设这事能够做得到，你会怎么去做呢？”但对方还是坚持说：“是的，但是……”那么你就说：“我相信你有能力找到方法，完成这个任务。”然后，每次当对方抱怨说这个任务如何不可能完成，你只要简单地说：“我相信你有能力找到方法，完成这个任务。”

对于孩子，这种方法特别奏效。

就像前文中制止人们通过抱怨获得关注的方法一样，这个方法也许会让那些通过抱怨来推卸责任的人认为你是怪人，或者让他们与你保持一段距离。但是，无论如何，你都是赢家，因为他们再也不会冲你抱怨了。

Inspire envy：引人艳羡

有些人之所以抱怨，是因为他们要引人艳羡；也就是说，他们抱怨是为了自夸。他们对别人抱怨，以此表明自己并没有别人身上存在的这些问题。

抱怨“我的老板很蠢”，其潜台词就是：“我比他聪明多了，如果我管事的话，工作肯定会做得更好。”当有人抱怨“我的丈夫肮脏、懒惰”，其意思就是自夸，表明自己是个爱整洁的人。“他开车时就像个疯子一样”，这句话其实可以理解成：“我的车开得非常安全。”

抱怨的人对此是不自知的。你的任务，就是帮助他们改掉通过抱怨这一消极比较的方式夸耀自己的行为。若别人通过抱怨来引人艳羡，那实际上是在寻求你的赞赏。他们感到空虚，因此通过攻击别人来使自己看上去更好。

> “没有人会对别人隐藏的优点说三道四。”
>
> ——伯特兰·罗素（Bertrand Russell）

人们讲闲话，就是通过抱怨的方式引人艳羡。当你讲闲话时，你就应该移动你的手环。讲闲话的潜台词就是讲闲话的人认为自己比被讲闲话的人优越，并希望别人对此表示认可。

讲闲话就是讲一个不在场的人的坏话。我并不是说你不能谈论别人，我只是希望你能够：

1. 只谈论不在场的人的优点。

2. 用与别人在场时一样的语气，谈论别人在场时你会谈论的那些东西。

“但是，这样就没意思了。”许多人也许会这么说。

确实如此。人们讲闲话，并不是为了分享信息，而是为了指出自己观察到的别人的缺点，并显示与其相比自己的优越性。

电影《全民情敌》（Hitch）中，凯文·詹姆斯（Kevin James）饰演的角色与一个富家千金约会，并与她认识的社会名流一起参加派对。其间，两个熟人过来，千金问他们，有没有看一个最近刚刚开幕的展览。

其中一人说：“展览糟糕透了。”

她又问：“你去过城中那家新开的餐厅了吗？”

另一个人轻蔑地说：“那个饭馆糟糕透了！”

这两个人根本没有在分享他们对展览或者餐馆的意见，他们其实在说：“我们非常尊贵、有教养，没什么东西能够入我们的法眼。”

当别人通过抱怨来引人艳羡，你应该转而赞美他，说他拥有与那个缺点相反的优点。

要改变这一类型的抱怨者其实很简单。当对方在抱怨他发现的其他人身上的缺点时，你应该转而赞美他拥有与那个缺点相反的优点。比方说，当对方说：“他吹毛求疵，斤斤计较。”你应该这么回应：“我最欣赏你的一点，就是你处变不惊。”

“她穿得像个乞丐。”别人会这么抱怨。

你应该说：“你总是穿得很光鲜，我很高兴能与你走在一起。”

“她喜欢在背后嚼舌头，而且很小气。”别人会这么抱怨。

你应该说：“你总是对人那么好。我有没有告诉过你，我多么欣赏你这一点？”

人们通过抱怨或讲闲话来引人艳羡，希望赢得你的认同。如果你认同了他们，你只会招来更多的抱怨。其实，你应该把注意力从被抱怨的一方转移开来，投注到抱怨者希望达到的效果上来——投注到抱怨者自己身上。记得要赞扬他们拥有与他们抱怨的缺点相反的优点。

不要试图解释你为什么这么做；这样一来只会削弱这一方法的效果。试图找到对方抱怨之后想要表达的潜在含义，然后赞美对方拥有的相反的优点。

你这么做，可能会使对方目瞪口呆、无话可说，立马停止了自己的抱怨。对方很可能会转而抱怨其他人。你可以再赞美他。很快，对方就得到了心理上的满足，不再需要抱怨了。

Power：操纵力

抱怨是获得操纵力的有效方式。

操纵力是一种权威。

操纵力是一种特权。

操纵力令人自在。

操纵力是疗愈受伤自我的良药。

许多人都渴望拥有、保有权力。他们希望以外在的、对别人的控制力，来掩盖自己灵魂中内在的空洞。

当事情发生时，你可以选择任它发生、解决它，或者挑起战争。抱怨往往就是招兵买马，寻找拥护者。

> “有权力就像做淑女一样。如果你需要告诉别人你有权力，那么其实你根本没有。”
>
> ——玛格丽特·撒切尔（Margaret Thatcher）

敌对势力发展时，抱怨是一种寻求拥护、反对敌人的方式。你会发现，在公司、教堂、家庭、民间组织——凡是人们聚集成群的地方，都有人在拉帮结派。人们觊觎当权者的位置，抱怨自己的竞争对手，以获得别人的忠诚。

通过抱怨谋求操纵力的人其实在说："当我要和他对决时，以下是你应该支持我的理由。"

有一次，我乘飞机去华盛顿演讲。到达后，我走出机场，乘机场巴士去旅馆。司机帮我把行李放在车后面，打开车门让我上去。车上只有一个空位了，我坐下后才注意到旁边坐着一个男人，他的穿着引起了我的注意。

那天华盛顿天气很热，差不多有三十二摄氏度。但是坐在我旁边的男人穿着厚厚的棉服，戴着长长的手套，还戴了两个（还不是一个）滑雪口罩。我刚刚离开机场，当时的恐怖袭击预警为橙色预警，所以我不禁感到自己坐在了一个恐怖分子旁边。

更糟糕的是，他不时凑过来问我："现在几点了？"

对此，我是这么想的："现在是该把这个家伙赶下车去的时候了。"

过了一会儿，真相揭晓，原来他是一位作家，正在赶去接受电台采访的路上。我跟他说我自己也是一位作家，并问他的书是写什么的。

他说，他为美国两大政党中的一个政党工作，主要工作内容就是挖掘对手的负面新闻，以帮助自己的政党在总统竞选中打击对方政党。他的发现会被用来在总统竞选大战中制作负面广告，攻击敌对政党。

"我的书主要讲的就是如何搞臭别人。"他说。

然后他问："那么，你的书是写什么的呢？"我抑制住自己的笑声，告诉他我的书是关于不抱怨的力量的。气氛变得有点尴尬，我们都无话可说。

为了打破尴尬处境，我换了一个话题，问他："今天天气非常热，为什么你要穿得这么厚呢？"

他回答说："这真的很奇怪。我曾经在华盛顿生活过，后来搬去了佛罗里达州。现在，我一到这里就特别容易哮喘，严重时甚至会哮喘至痉挛。我必须得穿成这样，不然这里空气中的某种成分会让我呼吸困难。"

车开到他的宾馆时，我不禁想到："多有趣啊……你的工作就是污染空气，而你自己无法呼吸。老兄，这一切都是你自找的。"

我一直都没有问他的名字，也不知道他的书卖得如何。但是，我知道人们经常利用丑闻来做竞选宣传，因为这非常有效果。人们赢得竞选并不是得通过获得支持者的投票，而是搞臭对手，让别人不愿投票给他们或转而投票给他们的对手。抱怨是获得权力的有效方式。

当孩子向你抱怨自己的兄弟姐妹、同事向你抱怨他的老板或其他同事、业主委员会的人向你抱怨其他成员时，或者其他任何人想要通过抱怨获得你的支持时，最好的方法就是请他们直接与对方（他们抱怨的对象）谈谈。

当别人向你抱怨其他人以获取操纵力，你应该请他们直接与对方谈谈。

他们可能会说："我已经跟对方谈过了，但是一点用都没有。"

这时，你应该说："那么，看起来你们两个人需要再多谈谈。"靠边站，不要让自己牵扯进去。

两只大猩猩打架时，最好的办法就是远离丛林。

不要支持其中的任何一方。那些希望通过抱怨来换取你的忠诚的人，当他们意识到你不会随意忠于任何人时，就会停止抱怨的。

Excuse poor performance：为欠佳的表现找借口

与那些通过抱怨来为自己的不作为找借口的人不同，那些通过抱怨为自己的欠佳表现找借口的人是在事情发生后才抱怨，希望为自己的失败找借口。

“太阳刺到了我的眼睛。”

“我射门时，他撞了我一下。”

“我的这根破高尔夫球棒需要装个新的手柄。”

“你没有按时叫我起床。”

通过抱怨来为欠佳的表现找借口，这其实是在试图（用理智的谎言）告诉自己情况对你多么不利。

就像抱怨的其他原因一样，通过抱怨来为欠佳表现找借口也是有用的。人们找理由，为自己的欠佳表现开脱。

1993年6月6日，在拉斯维加斯市托马斯马克体育中心里，整个内华达州的人都激动万分。四十四岁的乔治·福尔曼（George Foreman）向世界拳击协会重量级冠军发起挑战。这看起来是福尔曼重夺重量级冠军的最后一次机会。当晚，福尔曼要对战拳击新星、比他年轻二十岁的“公爵”托米·莫里森（Tommy Morrison）。此前，福尔曼有近二十年没获得重量级奖项桂冠了。

年轻时，福尔曼的坏脾气、郁郁寡欢的态度臭名昭著。但是，随着年龄的增长，他现在成了一个谦逊、积极、正直的人。

比赛进行了整整十二轮，每轮结束后，福尔曼都拒绝回到自己的座位上坐下。后来，他对此解释道："在我这个年纪，我特别害怕自己坐下后就再也起不来了。"

福尔曼的出拳速度和展度堪称传奇，尽管莫里森训练有素、体力充沛，但是他仍不敢与福尔曼靠得太近。一轮轮中，莫里森左右跳动，不断退守。观众们感受到了莫里森的退缩，纷纷为他喝倒彩。

> "如果你说某件事是不可能的，其实你的潜台词是：'我不想做这件事。'"
>
> ——萨古鲁·加吉（Sadhguru Jaggi）

当福尔曼能够够到莫里森的时候，他挥出了几记漂亮的拳，但是莫里森对抗得也非常出色。第十一轮快结束的时候，HBO电视台的解说员公布，福尔曼落后一分，需要在决定性的第十二轮进行绝杀。

摄像机在比赛的间隙拍摄下来：福尔曼大汗淋漓、气喘吁吁地站在他的角落里，他的教练团队跟他说，他们确定他比分领先，只要他在最后一轮表现正常，他就能够获胜。他的教练团队没有看到解说员、观众们都认得很清楚的一个现实：尽管福尔曼打得很好，但是事实上莫里森的比分领先。

福尔曼听取了自己团队的建议，在最后一轮中有所保留。

最后，他失败了。

比赛结果公布后，所有的采访者都问福尔曼，对于自己团队给出的错误建议，他怎么看。他生气吗？他感到自己被骗了吗？

福尔曼没有回答这些问题。他也没有抱怨。他完全没有提自己听到的那些建议。他真诚地微笑着，祝贺莫里森夺冠，并感谢所有支持帮助过他的人，包括他的教练团队。

福尔曼是不是失去了自己复出的唯一机会？从长远来看，答案是否定的。尽管他当时没有获得排名，也没有获得其他的机会，但1994年他获得了另一个机会，一举夺得世界拳击协会、国际拳击联合会重量级双料冠军。此后，在20世纪末，他还成为一名伟大的产品推广人，并成了一名成功的体育解说员。

“这就是我的天赋。我让消极的事情从我的生命中消失，就像水从鸭子的背上滑落。我听不到抱怨。如果你也能做到这一点，那么一切就都不难了。”

——乔治·福尔曼

有人说，是福尔曼不屈不挠的精神帮助他获得了成功，获得了人生第二春。事实上，当他开始为复出训练时，他会让妻子开车载他到距离他们位于休斯敦郊区的房子十英里以外的地方，把他放到路边。他说，这是唯一能够迫使他跑这么远距离的方法。

其他人说，福尔曼之所以能在四十多岁时涅槃重生，重获声名、金钱，是因为他皈依了上帝。福尔曼从暴躁的年轻人成长为后来成熟、有思想的成年人。1977年，在波多黎各败给佩德罗·奥斯特（Pedro Agosto）后，福尔曼回到更衣室，差点死于过度疲劳与中暑。在死亡的边缘，他祈求上帝救救他，此后他皈依上帝，立誓做上帝的好子民。他甚至还在休斯敦的一座小教堂做了十几年的牧师。

坚持不懈的精神？上帝的恩赐？它们肯定都起到了一定的作用。但是，在我看来，那个拉斯维加斯之夜、那个他错失“唯一”一个复出机会的夜晚，他其实向我们证明了他无论如何都会胜利。他不愿推卸责任，不让别人为自己的表现负责，他向世界宣布，乔治·福尔曼不是受害者。无论如何，他是自己命运的主人，他不会责怪其他任何人。

乔治·福尔曼没有为自己欠佳的表现找借口。

当你碰到别人通过抱怨为自己的欠佳表现找借口时，你应该记住，告诉对方他该为自己的失败负责，抱怨是没有用的。同样，向他们指出他们曾经拥有或者失去的优势，这也没有用。事情已经发生了，就不能改变。你所能做的，就是帮助他们转移注意力，问问他们下次打算怎么办。

当别人通过抱怨来为欠佳的表现找借口时，问问他们下次打算怎么改进。

“太阳刺到了我的眼睛。”

“下次，你准备做哪些准备，应对太阳刺眼的问题呢？”

“空气太干燥了，我的嗓子有点疼，所以唱得不如平常好。”

“有时空气干燥你也要唱歌，你该怎么做才能应对这种局面呢？”

“你没有按时叫我起床。”

“有时我会忘记的。如果我记不住的话，你应该怎么做才能保证自已能够按时起床呢？”

“他还没有完成他的部分，所以我完不成这个工作。”

“如果这件事情再发生一次，你该怎样做才能保证任务无论如何都能按时完成呢？或者说，你是不是至少提前告诉别人一下？”

人们之所以会抱怨，是想要**寻求关注、推卸责任、引人艳羡、掌握操纵力、为欠佳的表现找借口**。当你听到别人抱怨时，你会注意到，有时候他们之所以会抱怨，是出于多种原因。一个人抱怨可能既是为了获得关注，同时也为了引人艳羡。或者他可能会同时为了获得关注、为欠佳表现找借口而抱怨。只要你熟悉本章中提到的这些方法，你就能够做好准备，组合运用这些方法消除抱怨。恰当地组合这些方法，可以确保别人不再向你抱怨。

要想让别人不再抱怨，最后的一个建议，同时也是一个非常成功的方法是：建立一个“不抱怨的区域”。

这个方法很简单。我们的网站www.AComplaintFreeWorld.org上有两个免费的项目：“不抱怨的孩子”课程和“不抱怨的组织”项目。在这两个项目后，都有一个这样的标志（见下页图）：

你可以下载，或者自己制作一个这样的告示。把它挂在人们聚集的地方：公司的休息室、家中的厨房、汽车、起居室、会议室、小卧室等任何一个人们会聚在一起、开始抱怨的地方。你不需要对此做出一个正式的通告，你也不需要为此征得别人的同意（一般说来，你得不到别人的许可）。你只需要把告示贴在那里。

当别人开始抱怨时，你轻轻地拽着他们的胳膊，带他们离开不抱怨

此处为“不抱怨的区域”

如果你想：

- 抱怨
- 批评
- 讲闲话

请移步到别的地方

的区域。

“这是怎么一回事？”人们会问。

你就这么回答：“我们刚才是在不抱怨的区域。我听到你在抱怨，所以就带你离开那个区域，这样你就可以畅所欲言了。”

这是一种有趣、微妙但是非常有力的方法，它帮助你巧妙地指出别人的消极抱怨，并在大多数情况下帮助他人意识到自己的抱怨并减少抱怨。你应该还记得当你发现自己多常抱怨时，会感到不安、沮丧；别人也是这样的。

让别人不再抱怨的最好方法不是与他们对峙，而是转移对话的方向。你会发现自己其实是有办法改变那些向你抱怨的人的。在我们结束这个话题前，让我们想象一下，你是在帮助整个城镇、整个城市变得不抱怨。这其实比你想的要简单。你可以去市长办公室或者城市的议会，告诉他们感恩节前的一天是“不抱怨的周三”。本书附录A会告诉你该怎么做，附录B中有宣言及新闻稿样本。

让别人不再抱怨的最好方法不是与他们对峙，而是转移对话的方向。

凯西失去了自己最爱的表达方式，所以干脆不说话了——对她的同事们来说，这真是一种解脱。

第五章

觉醒时刻

真诚的分享

近来，我去旅行时，恶劣的天气使好几个目的地机场无法正常运行，许多班机因此取消或延误。我换乘了其他班机，坐在登机门旁，看到柜台处那位不幸的航空公司代表正被众人炮轰。大家似乎认定天气不好、班机取消，还有他们遇到的各种糟糕事都是她的错，每个人轮流把自己的不幸归咎到她身上，我看得出来，她快崩溃了。

这时，一个小灯泡在我脑海中亮了起来：“有了！”我向来惯于听从自己的直觉，于是便站起身来，走到那排想给她难看的人中占了一个位子。我耐心等候着，终于走到她面前时，她抬起疲惫的双眼看着我，额头因压力侵逼而皱了起来，她问：“先生，我能为您服务吗？”

我说：“能。”然后我请她在跟我说话时装出忙碌的样子。我告诉她，我来排队是要给她五分钟的休息时间！在她打字时（我不知道她在打什么），我提醒她，这些人都打算毁了她这一天，但她的生命中还有其他真正关心她的人，她也有自己热爱的事物，能赋予她生命的意义；这些都远比今天在这里发生的事更重要。既然如此，此刻的一切就没什么大不了，也不该让她心烦。我们来来回回聊了几分钟，她则继续装成忙碌的样子。

看她重新恢复冷静后，我知道她得回去工作了，我祝福她工作顺利，告诉她该服务下位客户了。她抬头看着我，我看出她眼中泛着微微的泪光。她说：“非常感谢你。我真的不知道该怎么谢你。”

我微笑着告诉她，感谢我的最佳方式就是：当她一有机会，就再将这份善心传递给另一个人。

——哈利·塔克

纽约州纽约市

“印第安人知道如何生活得无欲无求，如何遭受苦难而不去抱怨，如何唱着歌快乐地死去。”

——亚历克西·德·托克维尔（Alexis De Tocqueville）

一名年轻的修道士加入一个要求谨守静默戒律的教团，所有人都要在修道院院长同意之后才能发言。将近五年后，院长终于来找这位见习修士，对他说：“你可以讲两个字。”

修道士字斟句酌，最后说了两个字：“床硬。” 院长慎重思量之后，答道：“很遗憾你的床不舒服。我们会看看能否帮你换张床。”

又过了五年之后，院长再次来找这位年轻的修道士，说：“你可以再讲两个字。”

修道士仔细考虑了很久，说："脚冷。"

院长说："我会考虑一下该怎么解决这个问题。"

在修道士入院十五年时，院长让他再说两个字。

修道士说："我走。"

院长回答："这样说不定最好。自从你来之后，除了发牢骚，什么事也没做。"

就像这位年轻的修道士，过去你可能并不觉得自己经常抱怨。但现在你已经觉醒了，知道自己的确经常抱怨。

我们都有过这样的经验：当我们把身体重心放在某只手臂或腿上，坐着、靠着或躺着保持一段时间后，一旦我们转移重心，血液再冲回到这部分肢体时，我们身体的这部分就会感到麻痹并且刺痛。有时候这种刺痛很不舒服，甚至痛苦难耐。当你开始察觉到自己抱怨的天性时，也是同样的道理。如果你和多数人一样，那么在察觉到自己抱怨的频率之后，你可能会感到很吃惊。没关系，继续移动手环，坚持下去，不要放弃。

第二章中我曾提到过，我小时候非常胖，但我在高三时甩掉了一百多磅的赘肉。当朋友问我是什么饮食法发挥了这么强大的减肥功效时，我坦诚地告诉他们："我持之以恒沿用的那种。"我试过几十种饮食法，最后终于固定采用其中一种，结果也很理想。

所以，即使你发现自己有多么经常抱怨、为此觉得吃惊或发窘，你也一样要坚持到底。即使你觉得自己有正当的理由可以抱怨，你也一定要坚持到底。即使你非常想要把自己塑造成受害者，获取别人的关注、同情，你也一定要坚持到底。特别是，即使你在好多天成功做到不抱怨后不幸马失前蹄、口吐怨言，你也一定要坚持到底——即使你已经到了第二十天，只要你抱怨了一句，就要移动手环，重新开始。你就是需要坚持下去，一遍一遍转移手环，一遍一遍从头开始。

> “成功就是即使一次又一次失败，也依然热情不灭。”
>
> ——温斯顿·丘吉尔（Winston Churchill）

我有个爱好，就是表演抛接杂耍。我是从一本书上学会怎么玩抛接杂耍的，这本书还附赠了三个方形沙包，里面装了压碎的胡桃壳。沙包的形状与填充物的选择经过精心设计，确保沙包掉下来时不会滚跑。而隐含在这些沙包里的重要讯息就是——我们会掉下来。

多年来，我会在女儿的学校集会和其他活动上表演抛接杂耍，却一向婉拒才艺表演的邀约。抛接杂耍不是才艺表演，而是技能。才艺要经由陶冶栽培才能臻于纯熟精湛，而技能则是大多数人只要愿意投注时间就能掌握的。

我表演抛接杂耍，人们经常会说：“我真希望我也会。”

对此，我的回答是：“你也能，只要你花时间练习。”

往往，他们会说：“我身体不够协调。”这简单的一句话，就使他们免于付出为掌握一种技能而应该做出的尝试与努力。其实，这个技能我相信所有人都能掌握。

许多人在听说不抱怨的挑战之后，也会说：“我真希望我能做得到，但是我肯定做不到。”

胡说！变得不抱怨就像抛接杂耍一样，是一个可以通过学习而掌握的技能。你只需要每次付出一点努力，就能很快收获令人刮目相看的成功，就像前文中提到的麦克的油漆球一样。

我曾经教人玩过抛接杂耍，而且我一向先拿不会滚跑的沙包给他们试，叫他们把沙包丢在地上。

我告诉他们："现在，把沙包捡起来。" 他们便捡起来。

"现在再扔到地上。"他们也会照着去做。

"很好，现在捡起它来。"

"扔掉。"

"捡起来。"

"扔掉。"

"捡起来。"

我们会这样来来回回做很多次，直到他们开始厌倦这整个练习，并置疑"这究竟和学习抛接球有什么关系？"为止。

我告诉他们："关系可大了。如果你真的想学这门杂耍，你就要做好心理准备：你们要掉掉捡捡几千次，才能掌握这门杂耍的技巧。但是，"我还向他们保证，"只要你坚持练习，就肯定能够掌握它。"

你只要不停地捡球。即使你已经累到不想再丢了，又气又恼，快要没辙了，也要一次次把它们捡起来。即使别人嘲笑你，也要继续捡球。即使你看上去好像技艺有所退步，抛接球持续时间比之前更短了，你也要继续捡球。你只要不停地捡球。

每当我要新学一种抛接招数，就会重回掉掉捡捡的状态。我第一次学耍棒子时，我把一根棒子丢向空中，棒子落下时，木头把手重重敲到了我的锁骨，打出了一道红肿的痕迹。我于是把棒子丢进衣柜，认定自己肯定学不会抛接棒子。

那些把紫色手环扔到抽屉里的人肯定也认定自己做不到不抱怨。但是，如果让棒子一直在衣柜里积灰，那我就根本不可能学会抛接棒子了。

于是大约一年以后，我又把那些棒子翻出来重新尝试。

我小心翼翼，当棒子的把手砸向我的时候，尽力避开。由于我这次愿意不断练习，我最后成功学会了耍棒子。现在我不只会耍棒子，还能耍刀子，连燃烧的火把也照耍不误。

只要愿意反复不断地捡球、捡棒子、捡刀子、捡火把，任何人都能学会抛接杂耍。只要愿意移动手环，一而再、再而三地重新开始，任何人都能变得不再抱怨。

你可能会纳闷儿：“我所说的话，什么时候算是抱怨，什么时候又只是陈述事实呢？”记住，抱怨与陈述事实的区别在于你投注其中的能量。根据罗宾·柯瓦斯基博士的说法：“一项特定的陈述是否反映出怨气……取决于说话者的内心是否感受到了不满。”抱怨与非抱怨陈述，它们使用的语言可能是一模一样的，但它们的区别就在于你在话里传达的用意以及隐含的能量。在“有意识的无能”这个阶段，你就是要察觉自己所说的话；而且更重要的是，察觉这些话背后所隐含的能量。

记住，即使你最快完成二十一天挑战，你也不会获得什么奖励。事实上，我很怀疑那些声称自己开始练习一周后就能达到第七天的人。根据我的经验，那些人应该是没有意识到自己在抱怨。他们虽然戴着手环，但依然处于“无意识的无能”阶段。

根据我自己的经验，那些最后真的能够取得进步的人，都会像今天在我们的Facebook主页（www.facebook.com/AComplaintFreeWorld）留言的这位女士说的一样：“我十分钟前刚收到手环并戴上……但是，现在我就已经移动手环五次了。”一个小时后，她又留了一条言：“我已经移动手环超过十次了！”

我的回复很简单：“坚持下去，你走上正轨了。”

> “习惯就是习惯，不是能够随随便便就扔出窗外的；要想抛弃旧习惯，你只能一次一个台阶，慢慢把它拖下楼梯。”
>
> ——马克·吐温（Mark Twain）

想要变得不再抱怨，不是赛跑，也不是仙丹，而是一种转变的过程。你是在学习、接受一种全新的生活方式，放弃一种根深蒂固的积习。这是需要一段时间的。

想要变得不再抱怨，就应该不再试图改变无法变更的事实。我写这一段内容时，正坐在加州圣荷西的火车站里。我的火车预计在早上九点发车，现在已经是早上十点半，而我刚刚得知，新的发车时间是中午十二点——晚点了整整三个小时。你读了我刚刚写的内容，可能会以为我在抱怨。

但是，我知道自己的能量是投注于当下的状态。我坐在火车月台上，享受着美好的春日早晨，品尝着美味的肉桂茶，同时将我所热衷的这一切分享给你。我非常快乐，充满了感激。火车晚发车真是莫大的祝福，因为这给了我更多的时间写作，让我能在美妙的环境里做自己喜爱的事。

嗯，那如果我不想等呢？说不定我会大声抱怨，对售票员发脾气，或是对周围其他人发牢骚。也许，我可以让发车的时间提早。这样有可能奏效，对吗？

当然不会奏效。

但我们时常看到这种行为。火车会在它该来的时候到站，而那就是最完美的时刻。

最近我接受了一家电台的晨间节目专访，有位播音员说：“但我这工作就是靠抱怨来维持的——而且我靠抱怨赚来的薪水很高。”

我说：“好，那么，从一到十的等级来看，你有多快乐呢？”

他顿了一下之后说道：“可以有负数吗？”

抱怨可能在许多方面都能为我们带来益处，为我们赢得关注和同情；它甚至会为我们赢得收音机听众，但是抱怨所能带来的益处中不包括快乐。

而你应当获得快乐，应当获得你所渴望的财富，应当获得让你感到充实、满足的友谊与感情，应当身体健康，并且从事一项自己喜欢的事业。

你要知道：凡是你所渴望的东西，你都应当得到。

不要再找借口，快朝梦想前进吧。如果你还在说些“男人都不敢给承诺”“我们家每个人都是胖子”“我手脚不协调”“我高中的指导老师说我一辈子都一事无成”之类的话，那你就是让自己变成了受害者。受害者不会成为胜利者，你必须选择你想成为哪一种人。

抱怨就像艾皮斯坦（Epstein）的妈妈写的字条。还记得《欢迎回来，科特》（Welcome Back, Kotter，20世纪70年代美国热门电视剧，由约翰·特拉沃尔塔等主演）那部电视剧吗？艾皮斯坦是这部校园喜剧里的一个学生角色，他常常带着字条到学校，借此逃避某些他不愿做的事情。字条上可能会写“艾皮斯坦今天不能考试，因为他熬了一整夜在研究癌症的疗法。署名：艾皮斯坦的母亲”。当然，这些字条都是艾皮斯坦自己写来以逃避考试和学校作业的。我们抱怨，是为了让自己脱身，以逃避冒险和其他行动。这些怨言听起来合情合理，却都是站不住脚的借口，就像影片里的字条，写的人其实就是提交字条的人——我们自己。

请你明白，我了解你也可能有过艰难甚至痛苦的经历，很多人都是一样的。你可以无止境地讲着自己的故事，坚称自己没有做错，不必对已然发生的一切承担什么责任，然后让它成为囿限你一生的借口。或者，你也可以想想弹弓的原理。

是什么决定了弹弓上的石头能飞多远？答案是：看你能把弹弓上的橡皮筋拉多远。如果你研究成功人物的生平，会发现他们之所以成功，并不是排除了生命中的挑战，而是去面对生命中的挑战。他们接受发生在自己身上的一切，并借此来帮助自己成长。他们不向任何人陈述自己受到多少委屈，而是寻找在困难挑战中转败为胜的机会。而且你看，他们找到了。他们把橡皮筋往后拉得远远的，结果也就翱翔得更高、更远。

1928年，芙蕾达·尼克尔森·伍德罗夫（Freida Nicholson Woodroof）生于堪萨斯城塞奇威克郡的一处小农舍中。

尽管她身材娇小，身高不足五英尺，但她的身材非常匀称，相貌也是出奇地美艳。从很小的时候开始，她就受到各个年龄层男性的关注。“那些男人就是不肯放过我。”她脸上挂着调皮的神情，微笑着说，“但是，其实我真的很享受别人的关注。”

1966年8月27日，芙蕾达驾驶着1963年产的雪佛兰，行驶在郡里的高速公路上。往年此时，天气往往酷热难耐，但是那一年冷空气前锋提早来临，因此气温非常宜人，只有七十二华氏度（约二十二摄氏度）。芙蕾达此前一整个上午，都在帮当地的儿童日托所粉刷墙壁。当时，清爽的风从敞开的车窗徐徐吹进，吹干了她手上的油漆。她感到充实而轻盈，兴致高昂，感觉自己就像车窗外广阔的密苏里天空中飘浮着的棉花云一样自由自在。

芙蕾达下午没什么事。她可以回到家，等她女儿的电话——她的女儿之前刚刚嫁给一个北卡罗来纳州的士兵；或者她可以到她的朋友阿达家去喝杯咖啡，聊聊女儿结婚的喜悦。最后，经过了一番思想斗争，她决定回家，等候来自女儿的电话。她是这么想的：她可以接完电话再去阿达家，这样她就有更多的东西可以与朋友分享了。

车快开到阿利卫理公会教堂时，她看到了一个东西。她反应了一会儿才意识到那是什么——前面的拐弯处，一名青年男子驾驶一辆红色的大型车向她飞速驶来。在短短的不到一秒钟的时间内，她的大脑飞速运转，思维从“这是怎么了？”到“他走错车道了，肯定会停下来的”再到“坏了，要撞上了”。

芙蕾达用力将方向盘向右打，把车开进右边狭窄的沟中，刚刚好错过迎面驶来的红车以及它粗心的主人。同时，她猛踩刹车，用尽全身的力气将方向盘向左打，试图让车驶回原来的车道。由于猛然减速、急转方向以及车身巨大的前冲力，她的车失去了控制，在地上翻了好几个圈。

1963年产的车中，没几辆配备安全带；即使装了安全带，也没什么人会使用。时间仿佛凝固了。芙蕾达紧急中，赶忙滑向旁边的副驾驶座，以防滚动中被方向盘刺伤。重达1.25吨的雪佛兰就像一头愤怒、受伤的巨兽一样在地上跳跃、翻滚。

芙蕾达聪明地躲到副驾驶座后不到一秒钟的时间内，方向盘就将驾驶座砸了个粉碎。

她的脸多次撞到风挡玻璃上，严重的伤势使她失去了感觉，但是意识尚存。

此后的几秒钟就像几个小时一样难熬。凝固的时间开始继续流动，芙蕾达的车渐渐停了下来。她娇小的身躯摔在之前车窗应该在的空洞中，遍体鳞伤。她的上身可以自由活动，但是屁股和腿卡在了已变成废墟的车子里。她的脸重重地摔到了满是玻璃的地面上。

在意识的边缘，她模模糊糊地想着：“我还没死。只要我没死，那么就没问题。”

但是，这场车祸还没有完全结束。就像是一头凶暴、濒死的公牛，这辆已经严重受损的雪佛兰震颤了一下，慢慢地翻转了最后一次。这一次，轧到了芙蕾达的头部。

但是，她仍旧没有失去意识。

汽车的重量把芙蕾达曾经美貌的脸轧坏了。她仍然清醒着，伤势严重，但是心思不在自己的伤势上——她一直在努力让自己的身体吸进足够的空气，以维持生命。

她仅存的鼻子塌掉了，根本不能用，她的嘴也被挤得张不开。芙蕾达强迫她的肺通过一个不足铅笔头大小的洞吸入新鲜空气。每次呼气、每次吸气都差不多要花上一分钟的时间。她的心里充满了恐慌。

“我们得把她拉出来。”仿佛从一千英里之外，一个男人的声音飘了过来。

另一个喊着：“快去向雷切尔兄弟借拖拉机！”

芙蕾达根本来不及想自己是否能获救。她只是竭尽全力想要呼吸。

仿佛过了一整个世纪，芙蕾达才真正地感觉到了拖拉机的靠近——此前她只能听到拖拉机从远处靠近的声音。当拖拉机的液压升降机把车抬起来时，她的身体重重摔到了地上。但是，那时她头脑中想的，不是自己的身体有多痛苦，而是自己终于可以顺畅呼吸了——她为此感到狂喜。

她的脸破相了。她曾经迷人的蓝色眼睛现在被挤出了眼眶，曾经美丽的面容现在变得非常吓人。

她受到了强烈的惊吓，但是依然非常清醒。在意识的边缘，她听到了周围聚集起来的围观者在窃窃私语。

一个人说：“天哪！”

另一个人说："她之前长得多好看哪！"

第三个人插了一嘴："还好，她年轻的时候结婚生孩子了。"

要到达出事地点，救护车得行驶将近四十英里。这个过程中，她不能说话，颅骨和脸部严重受伤，之前躺在路边的沟里，她一直在想自己到底什么时候才会失去意识。

她一直都很清醒。

几小时后，她终于来到了医院。由于她的脑部受伤，最初的二十四个小时里，医生不能给她打止痛剂。极富同情心的护士爱小姐（一个有趣的姓氏）在她的病床前握着她的手，陪伴了她整整一天。疼痛就像烈火在芙蕾达周身燃烧。如果她有面部机能、能够尖叫的话，她肯定会一直尖叫。她紧握着护士爱小姐的手，爱小姐则温柔地轻声鼓励她坚持下去。

最初的二十四个小时过去后，她终于可以打止痛针了。此后，她睡了长长的一觉。直到感觉到孩子们的泪水落在自己的手上，她才慢慢苏醒过来。

当医生终于把她严重受伤的面部修复好，她说出了车祸以来的第一句话："我原谅那个司机。"说完后，她就又陷入了昏迷。

芙蕾达一共做了二十二次整形修复手术，才重新拥有了新的面庞。现在，她的脸上挂着蒙娜丽莎一样的神秘微笑，相比于那场恐怖的汽车事故，她的笑容欢乐而狡黠。她的假眼看上去非常逼真，与幸存下来的另一只眼看上去一模一样，并且眨动时闪耀着相同的光辉。

芙蕾达上周度过了自己八十三岁的生日，我有幸在当天与她吃午饭庆生。她是那么充满活力与感染力，一进屋甚至能让整个房间都明亮起来，让人完全猜不到她已经八十多岁了。

对很多人来说，这场交通事故能够毁掉他们的一生。但是对于芙蕾达，这场事故只是一个小小的插曲而已。

我问她："我知道你已经原谅了那个开红车的司机。但是，对于这场车祸给你带来的改变，你是否心怀怨恨呢？"

芙蕾达脸上一直挂着笑容，此时她笑得更灿烂了："改变我？不，这场车祸并没有改变我。我还是之前的那个人，我一直都有内在美。"

"保持心理健康的方法，就是要随时随地寻找事物好的方面。"

——拉尔夫·沃尔多·爱默生

车祸差不多五十年后，芙蕾达继续过着自己充实美满的生活。她开创了一份成功的小生意，养大了自己的孩子，充分享受生命。她会告诉你，如果这场车祸有影响的话，那么影响也主要在于：车祸帮助她更好地理解了自己存在的意义，知道自己不仅仅是有一张漂亮的脸蛋。

她对我说："我至少还能活二十二年，我准备尽情享受人生。"

当我们在生活中遇到重创时，我们可以选择是让它打败我们，还是让它帮助我们完善自我。

灾难之火可以吞噬我们，也可以锤炼我们。

困难可以是悲惨的结局，也可以是欢乐的新开端。

第三部分

有意识的有能

第六章

沉默与怨言

真诚的分享

我拿到了紫手环，下定决心不抱怨、不批评、不讲闲话。

一次，我与朋友一起吃午饭。当她开始说起“不对”的事情并希望我表示赞同时，我挽起袖子告诉她我正戴着紫手环，并仔细向她解释了我如何努力让自己不再抱怨。

然后，她说：“那么，我们该说些什么呢？”

那一刻真的是非常尴尬。我答道：“我也不知道。”然后我开始说我们正在吃着的东西是多么棒、路边的花朵是多么美丽。

若别人在对话中突然对我说起这个，我也一定会感到非常错愕。但是，渐渐地我对此适应了起来。我会转变话题，或者是把对话向积极的方向引导。（有时候我还会说：“不好意思，我得去趟洗手间。”）

——琼·麦克卢尔

加利福尼亚州布拉格堡

我们重复做出的行为，决定了我们的人格。杰出不是一种行为，而是一种习惯。

——亚里士多德（Aristotle）

在“有意识的有能”阶段里，你会变得超级敏感。你开始意识到自己说的每一句话。你移动紫手环的频率愈来愈低，因为你说话十分谨慎。你现在的语言积极正面多了，因为你开始会在还没开口说话之前就逮住那些抱怨话。你的紫手环已经从“让你发现自己正在抱怨的工具”变成了“你的话语在说出之前要先筛选的过滤器”。

“开口说话前，先想想你说这句话是不是比沉默更有意义。”

——印度瑜伽大师 Swami Kripalvanandji

一家人接受了不抱怨的挑战，他们发邮件告诉我，几乎所有的家庭成员都同时到达了“有意识的有能”阶段：“差不多有一周时间了，我们晚饭时坐在一起，互相望着，但就是不敢开口说话。”

在“有意识的有能”阶段，这种长时间的沉默是非常典型的现象。你也许之前就总是听到母亲说：“如果说不出什么好话，就干脆闭上嘴巴。”直到此时，你才领悟到这句话的真意。

在我们的手环索取量还没达到能够让我们专门订制图案时，我们的手环都是从一家制作“Spirit”（精神）手环的新兴公司购置的。如果某个学校的标志性颜色是绿色，那么他们就会订购绿色的“Spirit”手环；如果某个学校的标志性颜色是红色，那么他们就会订购红色的“Spirit”手环。

当我们的手环索取量达到能够专门订制图案的数量时，有一段时间，我们还是在手环上与我们的标志相对的那面雕印着“Spirit”一词。这是因为，我们发现“spirit”一词源于拉丁文“spiritus”，意指“气息”。在“有意识的有能”阶段，人们能做的就是做个深呼吸，而不是莽撞地将抱怨脱口而出。抱怨是一种习惯，而暂停一下、吸口气，你就能给自己一个机会，在说话时更小心地用字遣词。所以，我们留下了“Spirit”一词，提醒大家要“深呼吸”，而不是“穷抱怨”。

后来，我们还是把“Spirit”这个词从手环上拿掉了，因为许多人一看到这个词，会想当然地以为我们是要引导人们皈依宗教。而不抱怨的世界是非宗教性的人类转变运动。

> “微笑，呼吸，慢慢来。”
>
> ——一行禅师

Spiritus，意思是呼吸。当你发现身边的人都在抱怨，而你也很想加入他们时，呼吸吧。当不好的事情发生了，而你也有机会向其他人发泄自己的挫败情绪时，呼吸吧。

呼吸。呼吸然后沉默。

沉默给了我们机会，让我们能出于更崇高的自我、而非人性的自我来说话。沉默是通往“无限”的桥梁，但也是让很多人感觉不自在的东西。我记得少年时期，我们家有时会住在湖边的房子里，我会独自泛舟，到离家一英里远的小岛上露营。沉默给了我机会，和内在的自我重建联系。

> “做所有事都不要抱怨。”
>
> ——《腓立比书》2:14

有一次，当我正要前往岛上小居时，我听到父亲在岸边对着我大叫。

“威尔！”

“怎么了？”

“你要去哪里？”

“到康特岛那边露营。”

“你一个人去吗？”

“是啊。”

停顿了片刻，他又说：“你要带一台用电池供电的电视去吗？”

“不用了，爸……谢谢。”

又停顿了一会儿，不过这次停的时间更长了。他说：“那，要不要带台收音机？”

“不用了，谢谢。”

我爸爸在那里站了一会儿，耸耸肩，转身离开，走回屋中。我爱我的爸爸，但他不是很习惯沉默。他睡觉时甚至都会开着床前的大屏幕电视，听着它发出的喧嚣入眠。

如果你喜欢祷告，“有意识的有能”阶段是提升你祷告深度的良机。你已经真的不想再移动手环了，所以，你可以先说一小段祈祷文，再开始说话。为自己寻求指引吧，让你说出来的话具有建设性而非破坏性。如果无话可说，那就保持沉默。在这个时候，保持沉默可比重新回到二十一天挑战的第一天好多了。

> “愚昧人若静默不言，也可算为智慧。闭口不说，也可算为聪明。”
>
> ——《箴言》17:28

我年轻时推销电台广告，曾经和一个话非常少的人共事。和他熟了之后，我问他为何会在其他人都争相发言的会议中一句话都不说，他告诉我：“如果我不说话，别人会以为我比较聪明。”如果你什么也不说，大家至少还会赞扬你聪明。当我们说个不停时，不但不会让自己的言论听起来睿智，反而只会显示出自己不够自在，片刻都无法忍受沉默的局面。

要知道我们结识的某个人对自己而言是否很特别，有一个测试方法是看看我们和这个人若不说话能相处多久。我们只是因为有他们的存在而感到安心，享受着他们的陪伴。一大堆无心的闲扯并不会让我们的相处时光更美好，反而还会糟蹋了这段宝贵的共处时光。

沉默能让你自省反思、慎选措辞，让你说出你希望能传送创造性能量的言论，而不是任由不安驱使你发出又臭又长的牢骚。

我们收到了一封电子邮件，在邮件中，一位来自国防部五角大楼的中校，描述了他所经历的这个不抱怨阶段：

> 快速报告一下我们的现况。十二只手环已悉数分发给我的同事们，有位女士（她一向安静低调）进展得很不错，我想她应该已经迈入二位数时代了。
>
> 然而，我们其他人都发现，这件事要比想象中困难得多。不过它已经对我们产生了重要的作用，尽管……当我们抱怨时，我们知道自己在抱怨，就会先暂停，移动手环，组织措辞，使用更正面的语言重新发言。我现在甚至连一整天不抱怨都还做不到，但我看得出来，这是强而有力的沟通工具，有助于帮助办公室成员同心协力。当我们抱怨时，我们会自我解嘲，挑战彼此，誓要找出更好的方法。等到有人达成目标时，我会再写信来报告最新状况。（现在每个人都很兴奋，摩拳擦

掌，要把这项挑战推介给更多五角大楼的员工，我们正在进步中。）祝空军节愉快！

——凯西·哈佛斯塔

我之前提到过，抱怨时用的字眼往往和非抱怨时使用的字眼相同；是你的意图和语言背后隐含的能量决定了你是否在抱怨。所以，你要开始注意自己是否经常说以下这些话，以及你都是在什么情况下说的：

- “当然会这样！”
- “难道你不知道吗？”
- “我只是运气好！”
- “我总会碰上这种事！”

当事情不太对劲时，你说“当然会这样！”或者“难道你不知道吗？”，这其实是在传送这样的讯息：你在等待坏事的降临。听见你说这样的话，生命就会给你带来更多的问题与挑战。

看看自己会在什么情况下说“当然会这样”，这是检验自己是否积极向上的最好的晴雨表。

我还记得，我是如何第一次决定认真留意自己的言论，同时明白这些话是在反映我的想法，而想法将造就我的现实生活的。我借了一辆开了二十年的小卡车，从仓库里运回一些东西。这部F-150老车的引擎已经跑了十几万英里，所以每开二十英里就要用掉大约一加仑的油！一路上，我时常停下来给这辆老卡车加油，同时也在后车厢放一箱油，以备不时之需。

踏上旅途去一百多英里外的仓库取东西时，我确定油箱已加满了油，还邀请我们家的狗吉布森跳上前座陪伴我。

我花了好几个钟头，才从南卡罗来纳州艾纳市的家开到曼宁市的仓库，再把物品装上车。回程时，我决定走捷径，朝南卡的葛利里镇的方向行驶。我以前住在曼宁，对通往葛利里镇的路很熟。其实，我以前常在周末骑单车到葛利里镇，然后再骑回来，把这当作锻炼身体。那条路单程约有十三英里，车辆并不多。

我一直都很细心地检查这辆老车，定时给它加油，但太阳开始西下时，“引擎故障”灯亮了。那一刻，我的思考模式照理说应该是：“糟糕！有麻烦了。”但是，这次我克制住了。我记得，当时我下定决心，要监视并且控制自己的大脑。

我转身对在副驾驶座打瞌睡的吉布森说：“会有办法解决的。”内心里，我觉得自己有点疯狂——并不是因为我在对狗说话，而是因为我竟然会认为自己能够在荒凉的乡间小路上开着一辆破卡车回家。就像我说的，我对这条路很熟，这十三英里路上只有十来户人家，而我又没带手机。

卡车苟延残喘着继续行驶了一英里多，引擎才完全停止运转。“会有办法解决的。”我咬紧牙关，对自己说道，努力让自己的语气听起来笃定而自信。卡车开始慢了下来，最后终于停在这条路上少数几处人家中的某一户门前。

“当然会这样！”我对自己和吉布森说。我庆幸于当前事态的发展，但仍对我们竟能如此幸运而感到惊讶。我心想：“或许会有人在家，让我借用电话。”这样，我就可以打电话给别人让他们来接我，把车停在路边，等人修好后再开走。

然后我又想起卡车里装满了东西，不禁大声说道：“我最好今晚就开车回家，不要把这些东西留在路边。我不知道问题会怎么解决，但我要相信可以解决。我相信，今晚这辆装满东西的卡车能够停在我自己的车道上。”

请记得，这并不是我处理类似问题的一贯作风。以前，我会直接下车，说不定还会做些“有帮助”的事，比如骂骂咧咧或踢轮胎。但是这一次，我闭上了眼睛，在脑海中想象我和吉布森慢慢地驶入家里的车道。在我想象的画面中，那时候是傍晚（和当时的时间一样），而我穿着和当时一样的衣服。我先让自己安静地稍坐片刻，好好记下这幅画面，再走向那户人家，按下门铃。

当我听到屋里传出骚动的人声时，我微笑着又说了一次：“当然会这样！”这一户（这是数英里路来我唯一看见的屋子）不仅有人在家，而且是我的卡车在他们家门口抛锚的时候在家——对此我满怀感恩。一名男子前来应门，我做了自我介绍。当我向他解释我的卡车抛锚了，并询问能否借用电话时，他在黑暗中眯着眼睛，朝卡车所在处打量着，问道：“你开的是什么卡车？”

我说：“福特。”

他微笑着说：“我是福特卡车经销商的维修主管。我去拿工具来看看。”

他去拿工具时，我又说了一遍：“当然会这样！”幸福来得太突然，我都感到有点眩晕。我的卡车不仅停在了荒野中的一户人家门前，而且这家的男主人正好就是我这辆开了千百英里的卡车的品牌维修商。

像一个孩子一样，去坚信；这样奇迹就会发生。

——特里萨 · 兰登（Teresa Langdon）

太棒了！

我拿着手电筒，而我的新朋友在引擎盖下敲敲打打了十五分钟，终于转身冲我说："是你的燃料系统不太对劲。你需要换个小零件，只要一两块美金，可是我家里没有这种零件。"

他继续说："不过，这主要是管线问题，倒不是机械性故障。"

我说："没关系。那我可以借用一下电话吗？"

他说："呃，你的问题出在管线，而我爸正好从肯塔基州来看我，他是管线工人。我去叫他。"

他进屋里去叫他父亲时，我揉搓着吉布森脖子上的毛，兴奋地笑道："当然会这样！"

几分钟之后，他父亲诊断出问题："你需要一根约三英寸长、四分之一英寸宽的管子。"

"就像这样吗？"他的儿子从自己的工具箱里拿出一根尺寸刚好的管子。

"就是这个！"父亲说，"你在哪里找到的？"

儿子说："我也不知道是哪儿来的。一个月前，我在工作台上发现了这根管子，就把它丢进工具箱里，以备不时之需。"

当然会这样！

五分钟后，我和吉布森又上路了。"真是难得的经历！"我对吉布森说，而吉布森那时已经兴奋地把头探向窗外。

一切都解决了。我们行驶在回家的路上。当晚，我就能开着满载东西的卡车回家了。

但就在那一刻——加油灯突然亮了起来。我们停留太久，耗尽了卡车的油，油量低得危险。而回来之前，我已经在仓库那里把车上的备用油都加上了。

当时四处都不见人家，我开始有点担忧，但又赶快阻断这样的思绪，大声说："问题已经解决过一次了，这次一定也会没事的！"我一边开车，一边再次想象着我和吉布森当晚平安地把卡车开回家的景象。

转弯进入葛利里镇时，我开往当时镇上唯一的加油站。当我把卡车开进站里，老板正在锁门准备打烊。

"需要帮忙吗？"他问。

"我需要油。"我说。

他重新打开加油站的照明设备，说："需要什么自己来吧。"走向货架时，我把两手伸进裤子口袋，掏出身上带的所有钱。以当时卡车吃油的速率，我知道可能需要加四夸脱（译注：约4.5升）的油才能到家，而我身上只有4.56美元。我于是抓起两夸脱（我手头的钱只能买这么多）的汽油，放在柜台上。

"你有没有看到另一个牌子？"老板问我。

我说："没有。"

他走向陈列架，我跟在他身后。

"找到了。"他说，"这个牌子很不错——我觉得比你拿的那种更好，可是我以后不进货了，所以今天特价，只要五折。"我努力保持镇定，以免露出欣喜若狂的模样。我把四夸脱的油抱进怀里，走向柜台。当天晚上十一点十七分，我和吉布森平安地驶上了家里的车道。

"他不相信那些不遵从自己信念的人。"

——托马斯·福勒（Thomas Fuller）

这一切究竟是怎么发生的？上天的安排？要创造这样的奇迹，要克服多少其他的各种可能性？这究竟是怎么一回事呢？

答案是：“**管他呢！**”事实就是如此，而且，只要我们相信，这样的事情还会一次又一次地发生。未来并不确定，抱怨当下只会为你带来更多的困难。

人们经常问我一个问题：“难道你不需要通过抱怨得到想要的东西吗？”其实，要获取想要的结果，你可以好好表达自己的期许，而不需要抱怨现况。

一段时间前，我的手机响了，来电显示是“不明号码”。当时我正在忙，没有接电话，打来的人也没有留言。一小时后，我又接到了这个“不明号码”打来的电话，但是我没有接。接下来，几乎每隔一小时，我都接到同样的“不明号码”打来的电话，我都没有接到，而对方也没有留言。

那天晚上，我终于接到了这通“不明号码”来电，听到电信公司的语音留言：“这是一条给玛丽·强森（非真名）的重要讯息……如果你是玛丽，请按 1；如果不是，请按 3。”

我心想，这下可终于知道这个电话是谁打来的了。我按了 3，希望不会再有类似来电。

但是，电话还是持续打来。十五分钟后，我接到了同样的电话。我依旧按下了3，希望告诉电信公司我不是玛丽·强森，希望他们能发现错误，不再打电话过来。

但电话并没有停止。每次接到电话，我听到的都是同样友善的语音留言。我不断按 3，来电依然没有停止。

人都会犯错。我知道我也会犯错，而所谓的公司，只是一大群想尽力做好事的人。在过了好几天每小时都有固定来电的日子后，我打给电信公司解释这样的状况，而他们也确保会对此进行处理。

但是，来电还是持续不断。

若我尚未开始二十一天不抱怨的挑战，我可能会再打给电信公司，要负责的主管来接听，臭骂那可怜的家伙一顿。此外，我还会告诉每个我能接触到的人，说这简直是乱七八糟、不可理喻，让我深感不便与烦恼。

然而，这次我又打了一通电话，对客服人员说：“我知道出错是难免的，我也知道这不是你的错。但是我应该不再接到贵公司的电话才对，而我也愿意和你配合，直到我们发现问题出在哪里，并一起解决。”不到十分钟，她就发现症结所在（他们把我的号码当成那个人的号码输入了电脑）。来电停止了。

我不必让血压蹿高或大发雷霆，就能得到想要的结果。我也没有向朋友、同事和家人发牢骚，把他们牵扯进来。我反而是找了个可以帮助我的人，解释我想要什么，并为了达到自己的要求坚持到底。

要达到某个目的，更简单的方法是不要一直谈论这个问题，或是把注意力完全放在上面。你应该从更高的层次来思量这个问题，只谈你的希望，只和可以提供解决方案的人谈，如此解决问题的时间会缩短，在解决问题的过程中，你也会变得更加快乐。

“但是，我们国家每一起伟大的事件，都是起源于抱怨……你看看托马斯·杰弗逊（美国《独立宣言》起草人和开国元勋）和马丁·路德·金博士（美国黑人民权运动领袖）！”我收到的一封电子邮件这样写道。

就某方面来说，我同意这位女士所言。迈向进步的第一步就是不满。但如果我们只停留在不满的阶段，就永远无法前进，无法迎向更光明的远景。那些觉得抱怨是理所当然的人，哪里也到不了，只会在同一个不快乐的出发点原地打转。我们的焦点必须放在我们希望发生的结果上，而不是我们不希望发生的事情上。抱怨正是把焦点放在我们不希望发生的事情上。

托马斯·杰弗逊和马丁·路德·金指出我们的国家存在问题，但是他们并不仅限于此。他们还勾画了未来的美好愿景。这些历史上的伟大人物让不满驱策着他们勾勒美好的远景，而他们对这番远景的热情又激励了其他人前来追随。他们全神贯注地展望更光明的未来，让全国人民的心也跟着雀跃、振奋。他们转化了全国的意识，结果也转化了我们的未来。

> “有些人是看到当前的现况，然后问为什么会这样。我则是梦想着未曾出现的景象，然后问为什么不是那样。”
>
> ——罗伯特·肯尼迪（Robert Kennedy）

抱怨的人会问：“为什么？”

不抱怨的人会问：“为什么不？”

1963年8月28日，二十多万美国人来到华盛顿，要求争取平等的权利。在这个历史性时刻，马丁·路德·金牧师并没有站在林肯纪念堂的台阶上对着台下的民众抒发怒气或抱怨。他说：“美国给黑人开了一张空头支票——一张盖着‘资金不足’的印戳被退回的支票。”但是，他并没有只是让人们沉浸在不满中。他没有把焦点放在问题上，而是超越了问题本身，建立更宏观的格局，激励人们在心中创造出未来世界的美好愿景。

他发出这样的宣示：“我有一个梦想！”他的这个演讲被多家报纸、网站赞誉为“20世纪最伟大的演讲”。他用自己的语言为听众们创造了一个没有种族歧视的世界。他说，他曾经“到达那山巅”，而他铿锵有力、激励人心的话语，也带着我们和他一起登顶。他把注意力投注于当前问题之上，转而寻求问题解决的方法。

托马斯·杰弗逊在《独立宣言》中，清楚地陈述了众殖民地在大英帝国统治下所遭逢的挑战。然而，他所起草的文件并不是一连串冗长的牢骚。如果是，这份文件大概也就不会攫获全世界的想象力，并得到其他国家的支持，因而一统殖民地了。

《独立宣言》的第一段写着：

> 在人类事务的发展过程中，当一个民族必须解除和另一个民族之间的政治联系，并在世界各国之间，本着自然法则和上帝赋予的权利，主张独立和平等的地位时……

暂时想象你自己是这十三个殖民地的居民，试着去理解这个概念——本着自然法则和上帝赋予的权利，主张独立和平等的地位。在杰弗逊起草这篇宣言时，英国是全世界最大的超级强权国家，而他只是毫不夸大地冷静直陈：这些羽翼未丰、组成纷杂的殖民地，和这头政治巨兽是“平等”的。

你可能在脑海中已经听见了殖民地人民为如此言论所发出的集体惊呼声，随之而起的则是饱涨的自尊和热忱。他们怎能渴求这种遥不可及的理想，希望和英国平起平坐呢？因为这是“本着自然法则和上帝赋予的权利”。

这不是抱怨，这是梦想着美好未来的坚定远见。这也是在超越问题本身，寻找问题的解决途径。

我也有一个梦想。我记得这辈子最常听见的新闻，就是聚焦于中东局势的“和平谈判”。我听过这些“和平谈判”讨论的内容，感觉上似乎更像“战争谈判”或是“如果你们停止这样做，我就不会再这样谈了”。美国总统召集了中东地区的所有领袖，试图让他们调解彼此的差异。但这些谈判的焦点一直都放在“差异”上，因此就我个人看来，他们的进展始终微乎其微。

> “你不可能同一时间既为战争做准备，又试图阻止战争的发生。”
>
> ——阿尔伯特·爱因斯坦（Albert Einstein）

如果在这些“和平谈判”中，领袖们聚在一起讨论的是“彼此若能消弭嫌隙”，将会怎样呢？如果他们“能共同建立一个集体的梦想，实现和平共处、互相体谅的目标”，又会怎样呢？

当这种真正的“和平谈判”发生时，规则就变得很简单了。他们不会再去谈论现在怎么样或是过去发生了什么事，所有的焦点都只会锁定在：当彼此不再针锋相对时，将来会怎样。他们可能会问：“我们之间的和平，看起来、听起来、闻起来、感觉起来是什么样子？当战争和异议对我们来说已成为遥不可及的记忆，是必须查阅史书才能知晓的过往情景时，又会怎样？”

这些谈判的焦点只会锁定在众人冀望的结果，也就是和平上。就只是这样。这些谈判完全不会提到“如何”。“我们如何做到”，这样的问题，从一开始就会被所有人禁止。一旦双方试图要找出如何达成和谐共存的方法，地理疆界、补偿报酬、撤军限武、文化与信仰差异以及各种对立的观点，只会将他们的注意力再度转移回当前的议题上。而这样的焦点，将使他们继续陷身于这些问题的泥淖。

当你正在历经“有意识的有能”这个阶段时，如果使用了“当然会这样！”“难道你不知道吗？”“我只是运气好！”“我总会碰上这种事！”这样的措辞也没关系，但只能在你认为好事发生时才能用。

当事情进展顺利时，把这些话当成是你表达感恩的赞叹之语。很快，你会发现有更多的好事发生。

“你要记住，最重要的是：随时做好准备，为了你可能成为的更好的自己，放弃现在的自己。”

——W. E. B. 杜波依斯（W. E. B. Dubois）

我有个朋友住在西雅图，他总是说自己是全世界最幸运的人。他有貌美的太太和圆满的家庭，事业成功，年届三十就成为百万富翁，身体也十分健康。你可能会说他只是运气好，他自己也同意。但仅仅说他运气好还远远不够。他之所以生活如此美满，是因为他相信自己很幸运。每天早上起床后，他都会寻找能证明自己幸运的证据，每天他的运气都很好。

所以，何不试试看呢？当你诸事顺遂时，不管这些是多么鸡毛蒜皮的小事，都要记得说：“当然会这样！”

我们的言语有着强大的力量。当我们改变嘴里说出来的语言，就会开始改变自己的人生。大约一年前，我在州际公路的内侧超车道上开车。在我前面的是一辆轿式休旅车，时速大约比限速慢了十英里。我心里开始嘀咕起来：“如果要开得比限速慢，他难道不知道要走外侧车道，让其他人先过吗？”

几天后，我又上了超车道，前面还是一个小心翼翼的驾驶者，开车时速比限速慢了不少。那名驾驶者开的还是轿式休旅车。

此后几周，同样的事情连续发生：慢吞吞的驾驶员+超车道=轿式休旅车。这些人成了我的眼中钉，我会向认识的每个人提及此事。我觉得这很有趣，这只是一种巧妙的观察结论，但我也的确注意到，这种事发生的频率愈来愈高了。

最后，我开始明白，是我自己认定“轿式休旅车的驾驶者都很没礼貌且妨碍交通”。因为我相信这个，所以这种事就落到我头上。

信仰的力量无比强大。词典上对信仰的解释是：“某人认为正确的某事。”因此，信仰是一种绝对但武断的心理立场。信仰决定现实，信仰可以改变。

信仰是一种绝对但武断的心理立场。

我想找另一种方法重新诠释这项观察，于是想到了美式赛车（NASCAR）。在美式赛车的赛程中，如果发生事故或存在危险，就会有一台定速车上场，让所有参赛者减速慢行。这些车手必须跟在定速车后面，直到前方的危险清除，再次恢复安全状态。

“如果轿式休旅车是州际公路上的定速车呢？”我心想。或许轿式休旅车是要让我减速，这样才不会让我拿到罚单或者是发生车祸。

这听起来有点牵强。对于是否接受了这种理念就能够改变我的经历，我表示怀疑。但只要它能帮助我在以后遇到轿式休旅车不再焦躁，它就值得我去尝试。

之后，每当我在左侧超车道上碰到慢吞吞的轿式休旅车，我就开始感谢这些“定速车”：“噢，前面有一辆定速车。”我会这么告诉自己，

“我最好减减速。”很快，这变成我的惯性反应，我根本忘了自己之前对它们的感觉。

有趣的是，当我改变了对轿式休旅车的称呼，我开始感激它们让我减速慢行，而我也发现自己很少被堵在超车道上了。如今，我在通勤途中几乎很少被轿式休旅车拖慢速度，即使真的碰上了，我也会对它们表达谢意。

改变自己对轿式休旅车的看法，并赞扬它们为定速车之后，我就改变了它们对我的意义；它们也变成一种礼物，而非障碍。如果你开始用能激发心中正能量的词称呼生命中的人、事、物，你就会发现，它们不仅再也不会让你烦心，还会为你带来灵感与成长。改变你的措辞，看着自己的生命如何随之改变吧。例如：

不要说	试着说
问题	机会
挫折	挑战
敌人	朋友
眼中钉	导师
痛苦	不适
我要求	我会感激
我不得不	我可以
抱怨	请求
磨难	旅程
你做的好事	我创造的好事

试试看吧。刚开始可能会觉得有点困难，但是请仔细观察，它如何改变了你对人或事物的看法。当你改变用语时，情况也会随之改变。

英国文豪约翰·弥尔顿（John Milton）在《失乐园》（*Paradise Lost*）

中曾经说过：“境由心生，心可以使天堂沦为地狱，让地狱变成天堂。”

当别人问起近来可好时，我曾听过有些人语带嘲讽地说道：“真是快活似神仙呢。”我决定把这句话当成是自己对这个问题的真心回应。当有人向我问好时，我会不带嘲讽、诚心诚意地回复：“真是快活似神仙呢。”

起初我感觉不太自在，但现在这已是我不假思索的答案了。我注意到，这句话会让其他人露出灿烂的微笑，同时也提醒着我，当下我就可以决定自己是想要快乐还是悲伤，是要置身天堂还是坠落地狱。

你知道“阿门”的意思是什么吗？我的朋友回答说：“这是祈祷中用来结尾的词；就好比对上帝说‘通话完毕’。”

其实，“阿门”并不是这个意思。

“阿门”的意思是“确实如此”。它是在为你祈祷的东西做一个肯定性的结尾。这表明，你相信自己寻求的东西能够实现或达到。你已经向上帝说出了自己的要求，现在你肯定能够达成这个愿望了。

想想看，你的语言具有多么强大的能力。然后，你自己决定是不是要在你说的话后面加上“阿门”（“确实如此”）：

“人都撒谎。”

“确实如此。”

“没人喜欢我。”

“确实如此。”

“顾客都不买东西。”

“确实如此。”

“我可能会孤独终老。”

“确实如此。”

“我找不到工作。”

“确实如此。”

“生活是不公平的。”

“确实如此。”

“我永远也还不完债。”

“确实如此。”

“我永远找不到自己喜欢的工作。”

“确实如此。”

“服务人员态度都很差，而且帮不上忙。”

“确实如此。”

以及其他许多许多……

你所说的会变成现实。依你之前的习惯，你可能会倾向于说一些批评性的、讽刺性的、负面的话语。要克制自己需要花上一段时间。要学会新的说话方式，最好的办法就是沉默。花点时间深吸一口气，然后选择自己要说什么。

> “沉默是最好的说话艺术。”
>
> ——马尔库斯·杜利乌斯·西塞罗
>
> （Marcus Tullius Cicero）

要做出明智的选择。

选择说那些你想要得到的，而不是抱怨事情已经存在的方式。如果你抱怨，那就耸耸肩，重新开始吧。每抱怨一句就移动一次手环。有句话说得好：“如果哥伦布起航后放弃了，没有人会责怪他。但是，当然现在也不会有人记得他了。”

要变得不再抱怨，这本身也是一次航行，与哥伦布的航行有共通之处。它们都始于一个令人兴奋的念头，人们认为自己能够在航行中收获丰富多样的宝藏；但这两场航行都需要花上很长很长的时间，有时候甚至会时间长到令你无法忍受。但是，不要回头，不要放弃。美丽的新世界在前面等着你呢。

第七章

批评与讽刺

真诚的分享

在不抱怨的旅程中，我做得还不错。我已经能够连续几天不抱怨，并且能感觉到这正改变着我的生活。

但是我的丈夫让我停止。他说，我现在不如过去那么幽默了。我猜，这没准儿是因为他认为抱怨很有趣，而我再也不会跟着他一起抱怨了。

这让我感到难过。

——匿名

“现在，在我看来，讽刺整体来说是魔鬼的语言；因此很长时间以来我都不再语出嘲讽了。”

——托马斯·卡莱尔（Thomas Carlyle）

批评与讽刺都是抱怨。当你做出批评或讽刺，请移动手环。

批评的意思是：以指责的方式指出别人的错误。所以说，“建设性批评”一词实际上本身就是矛盾的：要建设，你是在构建某种东西；而批评，则是在拆除某种东西。当你在“批评”别人时，你永远无法做到有“建设性”。

> "人们都要别人批评自己，但是他们真正想要的其实都是表扬。"
>
> ——W. 萨默塞特 · 毛姆（W. Somerset Maugham）

没有人喜欢被批评。而且，我们的批评往往只会扩大却不会消弭被我们批评的事端。

杰出的领导者都知道，人们对欣赏的回应远比对批评的回应热烈。欣赏能激励人们表现优越，以获得更多赏识；批评则使人耗损。当我们贬低别人时，其实也是在默许此人往后依然故我，认定自己永远做不好工作。

如此，就形成了一个恶性循环。一个人犯了错，老板批评他；然后员工觉得自己能力不够，于是犯了另一个错；老板又批评了他……如此下去，更多的错误引发更多的批评，更多的批评招致更多的错误。

解决问题的关键是，不要讨论这个人在过去没有做到什么，而是讨论一下你希望他在未来做些什么。不要说："你又没有在下午五点前交回计时卡！你在干什么啊，蠢货？"而是试着说："你应该在下午五点时交回计时卡。我相信你一定能记住。"

批评是一种攻击。当人们被攻击时，他们往往会有两个选择：奋起反抗或回避逃离。他们也许不会反抗，但是不要以为只要他们撤退了，战争就能结束。所有人都渴望拥有控制力，如果获得控制力的唯一方法是做出消极挑衅的行为，那么他们一定会这么做。

关注会驱动行为。我们大概都觉得应该是行为在引发关注，其实不然。如果我们批评某人，就等于在诱使我们所批评的一切继续发生。你的配偶、孩子、员工和朋友皆是如此。在萧伯纳的剧作《卖花女》中，卖花女曾对上校解释过这个现象："你看，说真格的，除了大家都学得来的事（服装仪容和说话得体），淑女和卖花女的差别不在于举止行为，而是在于别人怎么对待她。我对教授而言永远是卖花女，因为他总是以对待卖花女的方式对我，也永远都会这样做；但我知道，对你而言我可以是淑女，因为你总是以对待淑女的方式对我，也永远都会这样做。"

"无论你想传授的是什么，你都要在学生中灌输自豪感而不是羞耻感，以此来教会他们。"

——哈维·麦凯（Harvey MacKay）

每个人创造自己生活的力量都非常可观，远超过我们所能想象的。我们对他人的观感，决定了他们在我们面前会呈现出什么样貌，以及我们与他们之间的关系。我们的言语会让对方知道，我们对他和他的行为有着什么期望。如果言语中带有批评，他的行为就会如实地反映我们所批判的内容。

我们都知道，有些父母只会注意孩子不理想的表现，而不去赞赏他们所拿到的好分数。当孩子把得了四个 A 和一个 C 的成绩单带回家，父母会说："怎么会拿 C？"父母注意的焦点，就只是那一个普通的分数，而不是其他四个优异的成绩。

我自己的女儿莉亚一直以来成绩优秀，但不知何时起成绩开始退步。当她把成绩单拿回家时，我会称赞她在某些科目上表现优异，绝口不提那些分数很低的科目。

"看到那些很低的成绩，你不生气吗？"她问我。

我说："我为什么要生气呢？这些都是你的成绩。你自己满意就好了。”

她自己对那些成绩并不满意，于是很短的时间内，她的成绩全部有所提高。若我当时只是一味地批评她取得了不好的成绩，她可能会觉得自己丧失了控制力，为此感到生气，并让所有的成绩都下降，以示她自己掌控着自己的分数。当我给了她机会，让她决定自己的成绩到底是否理想，她做出的选择、取得的进步其实远远超过了我能够鼓励她取得的成绩。

领导别人，这听上去是一个令人心生畏惧的任务。批评往往是那些没有真正领导力的领导惯用的手段。

领导者的工作是激励所有人尽自己最大的努力，表现到最好。当员工做到了自己的最好，公司无疑会受益，员工本人也会感到强烈的成就感、满足感。他们会感到自己发现了之前一直没有意识到的秘密潜力，并为此感到兴奋。当员工做得更多，发觉自己更多的能力、潜力，他们会成长，这令他们感到兴奋与振奋。

领导者的工作就是要小心维持激励与指导的平衡。

> “什么样的老板拥有什么样的员工。”
>
> ——J. 保罗 · 盖蒂（J. Paul Getty）

一段时间以前，我应邀在一个会议上发言。会议开始之前，我与会议赞助公司的首席执行官坐在一起聊天。他白手起家，从一个简单理念开始，仅仅用了十年，就把公司发展为跨国、每年盈利数百万美元的大公司。我们谈话时，他告诉我公司是如何一步步壮大的，并且坦诚分享了自己曾经面临的最大挑战。

他说：“有很长一段时间，我的员工们都恨我。确实，我能做成一些事情，但是员工们都害怕我的批评，并因此变得焦虑。我们公司此前一直在爆炸性地成长，但那时逐渐走入了瓶颈，甚至业绩开始下滑。”

“你是怎么做的呢？”我问。

“我得学着如何不打击别人的积极性并激励别人。”他说，“我在无意中离开公司到美国西部地区进行了一场旅行，但是学到了重要的一课。”

我问：“你学到了什么呢？”

他回答说：“我去赶牛。我应该是要让牛群一直前进，但是我发现自己常常把牛群驱散。有一次我赶牛赶得太用劲了，几乎造成牛群的骚乱。后来，我就问一个有多年经验的牛仔，我到底做错了什么。他告诉我，牛行动之前会先把重心转移到自己想要去的方向上。他跟我说，在牛开始行动之前，不要赶它们。我只要轻轻推它们，直到我看到它们把重心转移到了我想要去的那个方向。一旦它们的重心转移完毕，我就可以高枕无忧了。”

他继续说：“要掌握让牛群往某一个方向转向的力道，然后撒手不管，这真的是一门学问。有很多次，我太用力了；有很多次，我的力道又不够。最后，我终于找到了赶牛的诀窍。”

“我意识到，领导别人就像赶牛一样。”他说，“我鼓励他们往某一个方向前进，他们开始行动。这时，我应该放手。我之前不仅不会放手，反而觉得自己有必要刺激他们继续前进。我会向他们解释这么做的原因，并强调向这个方向努力的重要性。这样，即使他们正走在我想让他们前进的方向上，我也逼得太紧，害怕他们停下脚步。结果，他们会放慢脚步，而我会批评他们。然而，他们会感到无力，并开始憎恨我。他们会更加不愿意前进。现在，只要员工走上了我希望他们走的道路，我就放手。”

最后，他温暖地微笑着，说道："现在，我自己干的事情少了，但是工作赚的钱越来越多，而且所有人（包括我自己）都更加开心了。"

理查德·布兰森爵士（Sir Richard Branson）在《商界裸奔》（*Business Stripped Bare*）一书中写道：在人们的内心深处，他们都想要为自己、为组织或公司做到最好。他认为，全世界的人们其实都对自己有严格的要求，如果领导者明白了这点，他们就会知道，即使用不着批评，好人也不会再重复犯错。

作为一个家庭、民间组织、教堂、公司的领导，你要做的，就是要在别人流露出对前进方向的微妙动摇后鼓励他们继续前进，然后放手。这会激励他们，并且让他们心中充满自豪感，感到更有动力。作为一个领导者，成功并不在于你做了多少，而在于事情如何向你希望的方向发展；有时候你做得少，反而会有助于事情的成功。

在你批评别人的行为之前，先给他们一个机会自己改正吧！一般来说，他们都能自己改正的。

讽刺是一种消极的/挑衅性的抱怨。

就像批评一样，讽刺也是一种抱怨。批评是一种直接的攻击性的抱怨，而讽刺则是一种消极的/挑衅性的抱怨。

在电影《弹簧刀》（Sling Blade）中（看出来了吧，我是多么爱看电影），乡村音乐明星德怀特·尤科姆（Dwight Yoakam）饰演的角色一直对其他人说些恶毒话，然后再很轻巧地说一句："嘿，我只是开玩笑。"他饰演的这个角色喜欢讽刺别人，总是在说了狠话、匆忙逃走的时候，回头撂下一句："嘿，我只是开玩笑！"

讽刺就是这样，本身消极负面，但留着一个幽默的逃离口。如果有人追究这句话的责任，讽刺者可以打着幽默的幌子轻松否认自己所说的话。

写这一章时，我在我们的Facebook主页上发布了对讽刺的评价，其中一个粉丝回复说："讽刺的意思是：一句尖锐并且往往是语含挖苦的话，旨在造成别人的痛苦，伤害别人。从语源学来看，讽刺一词的意思更吓人。讽刺（sarcasm）一词的拉丁语词根是'sarco'，其意思是'撕扯肉体'。再近一步来看，讽刺一词源于'sarcasmos''sarkazein'这两个词，它们的意思都是撕扯或扯下肉体，都是中古时期的某种极刑。"

在我自己接受二十一天不抱怨挑战时，对我来说最困难的就是不再讽刺。

人们会问："稍微讽刺一下有什么问题？我只是想要更幽默一点。"讽刺往往就是戴着幽默面具的批评性语言。它其实是尖刻的评论，但它是像讲笑话一样讲出来的。对于那些想要说狠话但又担心自己的话语会招致麻烦的人，讽刺是他们唯一能做的。

几年前，我带领一组人帮坦桑尼亚的一家医院建立分娩中心。许多数据显示，在那个贫穷的非洲国度，由于缺乏足够的医疗服务，自然分娩中，婴儿死亡率高达三分之一。

令我感到惊奇的是，非洲人民是那么友好、快乐。尽管他们中的许多人都生活穷苦，缺乏适当的医疗服务，但他们都是那么乐观向上。

一天下午，我们一行人搭乘一辆破旧古老的巴士去参观博物馆。坦桑尼亚姆万扎的小路都是土路，浴缸大小的巨石时而从路面上突起，司机必须小心地绕过它们。在大部分国家，司机都是在一条车道上直行，而在姆万扎，司机们必须时不时地开到另一条车道上，以避开路中间的大石头。除了石头，由于雨季时水流泛滥，马路上还有深深的排水沟。由于这重重阻碍，走一段短短的距离花了我们不少时间。

我坐在一个负责为我和导游进行翻译的小伙子旁边。我们的车左转右转，花了好长时间等另一辆车通过，并且在路上颠来颠去，二十分钟才开了一两英里路。后来，我忍不住了，凑过去对导游讽刺地说道：“哦，这条路真好。”

我们的翻译什么都没说。

“难道你不翻译我刚才说的吗？”我问。

“我没法翻译。”他回答说。

“为什么呢？”

“因为你说的是句讽刺话，而非洲人根本不懂什么是讽刺。如果我告诉他，你说这条路很好，那么他就会相信你说的话。如果我告诉他你不喜欢这条路，这听起来就像是一句批评。”

“他们从来都不说讽刺的话？”我问。

“是的，他们甚至都没有讽刺这个词。他们不能理解为什么你说出的是一个意思，而你想表达的是另一种意思。”他说，“对非洲人来说，你的话就表达了你的意思。”

也许，非洲人的乐观心态和他们没有讽刺这件事根本没什么关系。但是，如果你知道人们说的话就是直接表达了他们的意思，这未尝不会给你带来一种平静祥和的感觉。

> “冷嘲热讽者往往有个情结，认为自己很有优越感；根治他们的唯一办法，就是让他们懂得谦逊。”
>
> ——劳伦斯 · G. 劳瓦斯科（Lawrence G. Lovasik）

顺便说一句，我认为，非洲人民的整体幸福指数高和他们认为抱怨是种粗鲁的行为有着密切的关系。他们认为，抱怨就是你把自己的负担卸下来，放到别人的肩上；抱怨之后，你自己依旧是不快乐的，并且你的不快乐还会传给别人。

批评和讽刺是两种隐藏的抱怨模式。看看你自己是不是经常批评或者讽刺别人。如果你这么做了，请移动你的手环。

第八章

如果你快乐，就按喇叭

真诚的分享

我一直努力让自己不再抱怨，这影响了我们一家人。

我的女儿罗斯才上六年级，是一个典型的青春期少女。

一天，她的一个所谓的朋友给她写了张字条，说她是个很差劲的朋友，并罗列出了所有的原因。同时，字条上还写道，她们小圈子里的所有人都这么觉得。

当罗斯告诉我这件事时，我很紧张，因为我知道对一个六年级的女孩子来说，这可是一件天大的事情。我问她，她是怎么做的。

罗斯说，她告诉那个女孩："我会假装自己从来没收到过那封信。从今以后让我们只说对方好话。我真喜欢你的鞋子。"

那个女孩很吃惊，于是开始大笑起来。

我真为自己的女儿感到骄傲。我认为，我的手环以及我对罗斯的不抱怨教育，这一切努力都没有白费。

——瑞秋·卡米娜

纽约州白原市

"当下充满喜乐。只要用心，你就能看到它们。"

——一行禅师

很多人把"有意识的有能"阶段称为"我才不要移动手环"阶段。当你马上要抱怨、讲闲话、批评、讽刺时，你自己能够意识得到，并且你会发现自己会这么想："我才不要移动手环呢。"于是，你重新组织自己的语言，或者干脆沉默不语。

很多人发现，如果在不抱怨的挑战过程中有一个"不抱怨的伙伴"，会对自己有很大的帮助。你可以在我们的Facebook粉丝首页（www.facebook.com/AComplaintFreeWorld）发布一个征友启事，找一个挑战不抱怨目标的伙伴，分享经历，互相打气。你最好动员自己的朋友或家人加入不抱怨的队伍。

注意：这个人不是要像掠食的老鹰一样，紧盯着你是否在抱怨、批评、说闲话。这个人要能和你分享成功；如果你得重来，他也会鼓励你继续下去。

找一个能帮你以积极的态度重塑生活的人，他可以成为你的"守护天使"，帮助你在眼前任何境遇中发现光明面和良善点。你需要一个啦啦队长——在你试图放弃时鼓励你的人，希望你能挑战成功的人。

正如我在第一章中说过的一样，不抱怨最普遍的副作用是你会感到更快乐。当你不再抱怨生活中出现的问题，而是开始探讨生活中进展顺利的事情，你的大脑会情不自禁地对此做出反应。

“快乐是最好的事情。要快乐，就在此时，就在此地。”

——罗伯特 · G. 英格索尔（Robert G. Ingersol）

大约十二年前，我认识了一个人，他帮助自己深爱的人，扭转了在许多人看来悲惨无比的人生境况。在本书初版的所有故事中，这个故事是最受欢迎的。这个真实的故事要传达的信息是那么简单，又无比深刻。数以千万计的人因为这本书知道了这个故事。

一切都始于我在路边看到的一块告示牌。

那块告示牌是由破破烂烂的厚纸板做成的，钉在一根像是五金商铺给人用来搅动油漆的棍子上。一天，我正要上堤道穿越南卡罗来纳州康威市外的沃卡莫河时，我注意到了这块告示牌。它被推到了地上，置身于杂乱的垃圾与火蚁的窝之间，上面写着：

“如果你快乐，就按喇叭。”

做这块牌子的人未免也太天真了吧。我摇了摇头，然后继续往前开——我的喇叭安静无声。

我不屑地对自己说：“真是瞎胡闹！” 快乐？什么是快乐？我从来不知道什么叫快乐。我只知道享乐。即使在我最享乐、最成功的时刻，我发现自己也在担心，担心什么时候又会有坏事发生，把我带回到现实中去。“快乐都是骗人的。生命既痛苦又充满挑战，即使事情进展顺利，下一步也必定会有什么当头棒喝，飞速地让你从‘快乐的幻想’中清醒过来。或许死了就会快乐吧。”我心想，但我连这一点也不敢确定。

几周后的一个星期天，我开车载着时年两岁的莉亚上了544号高速公路，前往“冲浪海滩”探望朋友。我们随着一盘《最爱童谣》录音带开心地唱歌，享受共度的时光。当我们接近堤道、就要通过沃卡莫河时，我又看到了那块告示牌，而且不假思索地按了喇叭。

“怎么了？”莉亚问道，她不知道路上发生了什么。

我说：“路边有块告示牌说：‘如果你快乐，就按喇叭。’我觉得很快乐，就按下去了。”

那块告示牌对莉亚来说，完全是合情合理，没什么好奇怪的。孩子们对于时间、报税的责任、失望、背叛或其他成人所背负的限制与伤痕，都没有什么概念；对她而言，生命就是当下，而当下就是要快乐。下一刻来临时，还是要快乐。那就按喇叭吧，庆祝这快乐的时刻。

当天稍晚，我们在回家的途中又经过那块告示牌时，莉亚尖叫了起来：“老爸，按喇叭，按喇叭！”在那时，我稍早之前期待与朋友欢聚享乐的愉快态度已经改变了。我开始想到，隔天还有很多工作等着我去做。我的心情一点也不快乐，但我还是按了喇叭来满足女儿的要求。

接下来发生的事，我永远也不会忘记。在内心深处有那么短暂的一刻，我觉得自己比几秒钟之前更快乐了一点——好像按喇叭会让我更快乐。也许这是某种巴甫洛夫式的（Pavlovian）反应吧。大概是听到喇叭声，会让我联想起上次按喇叭时的某些正面感受。

> “如果一个人认为自己不快乐，那么他就不可能感到真正快乐。”
>
> ——普布利留斯 · 西鲁斯

从那时起，我们只要经过那段高速公路，莉亚就一定会提醒我按喇叭。我注意到每次一按喇叭，我的情绪温度计上的温度就会提高一点。如果以一到十的等级来标示，我原先感受的情绪等级是二，当我按喇叭时，我的正面情绪就会再增长几级。每次我们经过告示牌按喇叭时，这样的状况总是屡试不爽。后来，我只要经过这里就按喇叭，即使只有自己一个人时也不例外。

我对着告示牌按喇叭时所产生的正面感受开始扩张。我发现自己会期待开到那个路段，甚至在还没看到告示牌之前，就开始觉得心里快乐起来了。往后，我只要一上544号公路，就注意到自己的情绪指数开始上扬。这整段只有13.4英里的道路，变成了让我的情绪返老还童的地方。

"尽管世间多欺骗、苦役及残碎之梦想，但世界仍是美好的。高兴起来吧，去追求幸福。"

——马克思·埃哈曼（Max Ehrmann）

《迫切需要的东西》（Desiderata）

那块告示牌位于高速公路的路肩上，旁边是一片树林，把附近的房屋与堤道隔了开来。过了没多久，我开始很想知道，那是谁放的告示牌，又为什么要放到那里。

当时，我的工作是开车到客人家里卖保险。有一次，我和一家人约好了要碰面，他们就住在544号公路北边约一英里的地方。我抵达的时候，这家的女主人告诉我她先生忘了我们有约，所以要重新约时间。有那么一刻，我觉得很气馁，然而当我把车开出那个住宅区，发现这里刚好就是高速公路旁那片树林的另一边。我沿着公路行驶，估算着自己和那块告示牌的距离，在我觉得快到的时候，就在最近的一户人家前停了下来。

> “对大部分人来说，他们决定要多快乐，就会感到多快乐。”
>
> ——亚伯拉罕·林肯（Abraham Lincoln）

那栋房子是灰色单层的组装式房屋，镶有暗红色饰边。我爬上肉桂色楼梯来到前门时，注意到这栋房子虽然样式简朴，但打理得很不错。

我开始准备着台词，思考如果有人来应门我该说些什么。是说“你好，我在这树林另一边的高速公路上看到一块用纸板做的告示牌，不晓得你知不知道这块告示牌的事”，还是“你们是‘如果你快乐，就按喇叭’的人吗”？

我觉得有点尴尬，但那块告示牌对我的思维和生活产生了那么大影响，我想知道更多它的事。按下门铃之后，我练习的这些开场白，根本就没有机会说出口。

“请进！”那人带着温暖、开朗的微笑说道。

现在我真觉得尴尬了。我心想：“他一定是在等别人，而他以为我就是那个人。”尽管如此，我还是进了门，他和我握手致意。我解释道，我在他家附近的高速公路上开了一年多的车，而且看到了“如果你快乐，就按喇叭”的告示牌。据我估计，他家最靠近这块告示牌，所以他也许知道些什么。他笑得更开怀了。告诉我，他在一年多前放置了那块告示牌，还说，我并不是第一个停下车来询问这件事的人。

> “从我个人经验来看，人们到底是快乐还是悲苦，在很大程度上取决于他们的性情，而不是他们所处的环境。”
>
> ——玛莎·华盛顿（Martha Washington）

我听到不远处有辆车狠狠按了几下喇叭。他说："我在本地的高中当教练。我和我太太都喜欢住在这靠近海滩的地区，也很喜欢这里的人。我们过了很多年幸福的日子。"他那清澈的蓝眼睛似乎要看透了我的灵魂。"前一阵子，我太太生病了，医生说他们也束手无策，只说叫她处理好私人事务。医生说，她只有四个月的生命——顶多撑到半年。"

对于接下来的短暂沉默，我感到很不安，他则泰然自若，继续说着："刚开始我们吓坏了，然后是感到很生气，接着我们俩抱头痛哭了好几天。终于，我们接受了她就快结束生命的事实。她准备面对自己的死亡。我们把医院的病床搬回家里，她就这样默默地躺着。我们两人都很伤心。"

"有一天，我坐在阳台上，她则想在房里试着小睡一会儿。"他继续说，"她非常痛苦，很难入睡。我觉得自己快要被绝望淹没了，我的心好痛。然而，我坐在那里的时候，听到有很多车子正要穿越堤道去海滩。" 他的眼睛往上移动，望向客厅的一角，片刻后，才仿佛想起自己还在和人说话，便摇了摇头，继续说道："你知道'大海滨'（Grand Strand）吗？就是南卡罗来纳州沿岸六十英里的海滩，是美国最热门的观光景点之一。"

"呃……嗯，我知道。" 我说，"每年有一千三百多万名游客会来到这里的海滩。"

他说："没错。那你有过什么比度假更快乐的经历吗？你计划、存钱，然后和家人或女朋友出远门，去共享一段欢乐时光，这棒极了。"

路过的车辆按了一声长长的喇叭，打断了他。

教练想了一会儿，才又继续说："我坐在阳台上想到，虽然我太太快死了，但快乐可以不必随着她死去。其实，快乐就在我们周围。每天有好多辆车行经我们家几百英尺外的地方，那里就是蕴含快乐的所在。所以，我就放了那块告示牌。本来我也不抱任何期望，只是希望车子里的人不要把眼前这一刻视为理所当然。和心爱之人共度的特别时刻不会重现，这值得人们细细品味，他们应该好好领会当下的快乐。”

好几种不同的喇叭声迅速而连续地传了过来。他说：“我太太听到了喇叭声。刚开始只是听到零星几声而已，她问我知不知道是怎么回事，我就把告示牌的事告诉了她。后来，按喇叭的车子数量逐渐增加，这好像变成了她的良药。她躺在房里时，只要听到喇叭声就觉得很欣慰，知道自己不是孤单地在阴暗的房间内等死。她也享受着全世界的快乐。快乐真的就在她身边。”

> “当一扇快乐之门关上时，另一扇就会开启；但我们常常会长时间地停留在关闭的门前，而没有看到另一扇为自己开启的门。”
>
> ——海伦·凯勒（Helen Keller）

我沉默地坐了片刻，细细思量他所分享的内容。多么激励而动人的故事啊！

“你想不想见她？”他问。

我感到很惊喜，说：“好。”我们聊他的太太聊了这么多，我不禁开始把她想象成某个精彩故事中的角色，而不是真实的人物。我们经过走廊，来到她的房间时，我做好准备，不想被这位等着我的病危妇人的病容吓到而变得不得体。当我走进房间，看到的却是一位似乎在装病的微笑妇人，而不是来日无多的垂死之人。

外面又传来一阵喇叭声，她笑着对丈夫说：“那是哈里斯一家人。又听到他们的消息真好，我很想念他们。”教练也回了她一个笑脸。

我们打过招呼、自我介绍之后，她说起自己现在的生活和从前一样丰富。不论白天还是夜晚，她听到各种喇叭发出数百次类似啁啾、鸣放、轰鸣的不同声音，这些声音告诉她：在她的世界里还有快乐存在。她说：“他们不知道我躺在这里听，但是我认识他们。我现在只要听喇叭声，就认得出那是谁。”

“人们总是会数自己遇到了多少麻烦，却从不数数自己遇到了多少开心事。如果人们能数数自己的开心事，他们会发现每个人都有很多的快乐。”

——费奥多尔·陀思妥耶夫斯基（Fyodor Dostoyevsky）

她脸红了起来，继续说：“我还替他们编故事。我想象他们在海滩边嬉戏或是去打高尔夫球。如果是下雨天，我则想象他们去水族馆参观或逛街购物。晚上，我想象他们去游乐园玩，或是在星光下跳舞。他们的生活都很幸福。”她的声音逐渐微弱起来，就在快要睡着的时候，她又说，“好快乐的生活啊……真是好快乐、好快乐的生活。”

与车窗外鸣笛的汽车不同，我们三个人沉默着坐了一会儿。

最后，我看看教练。他对我笑笑，我们俩起身走出卧房。他默默地陪我走到门口，但就在临走之际，我突然想到一个问题。

“你说医生宣判她最多只能活六个月，对吧？”我问。

“是，没错。”他的微笑透露出他似乎知道我接下来想问什么。

“但你说，你是在她生病之后好几个月才放了告示牌。”

他说："对啊。"

"而从我开车经过看到那块牌子，这已经有一年多了。"我说。

他说："没错。"他拍拍我的肩膀，然后又加了一句，"希望你很快能再回来看我们。"

告示牌又摆了一年，然后有一天，它突然消失了。"她一定过世了。"我开车经过时忧伤地想着。至少她临终前很快乐，而且战胜了微乎其微的存活概率。她的医生应该会很讶异吧？

几天后，我又开上544号公路前往海滩。有史以来第一次，当我快到达桥边时，我感到难过而不是快乐。我又仔细检查了一次，猜想着也许是风雨终于摧毁了那块手工做成的纸板告示牌。但它真的不见了，我觉得心头一沉。

我一直都在想，那个女士在病中垂死，依然能够找到快乐。而那些有着一切她所渴望的东西的人，却生活在痛苦中，不停地抱怨。

又过了一周，当我接近堤道时，注意到有个东西。走近时，我发现了一个令我振奋的东西。原本置放着小纸板和油漆棍的地方，现在有了新的告示牌。这块告示牌有六英尺宽、四英尺高，底色是明亮的鲜黄色，边缘还装着闪烁的明亮小灯。告示牌上则以大而醒目的字体，写着熟悉的那句话："如果你快乐，就按喇叭！"

我的眼泪在眼眶里打转。我按着喇叭，让教练和他的妻子知道我经过这里了。"那是威尔。"我想，她将带着会心的微笑说道。

在深爱着她的丈夫的支持下，这位了不起的女士并没有将注意力投注于自己面临的现状——经由医学专家证实的现状，而是一直关注着身边发生的好事。这也使她战胜了渺茫的存活概率，得以拥抱生命，接触到上百万人。

生活并不在于你现在处于怎样的位置，而在于你将要走向哪个方向。而你的方向是由你的关注点决定的。

“我的生命多精彩啊！我真希望我能更早地意识到这一点。”

——柯莱特（Colette）

从第一次呼吸开始，我们就在迈向死亡。什么时候会死亡，我们都不知道。但是，悲剧并不在于人会死亡这个事实，而在于有些人根本没有好好生活过。他们从来都没有享受过当下。

我们往往会把快乐留到“未来某天”。等我们把所有的问题都解决了，我们就快乐了。但是，等到你再也没有问题的那天，你也差不多该呼出最后一口气了。至死，你都会面临各种挑战和困难，所以，你最好现在就下定决心（是的，要下定决心）让自己快乐起来。

之前在中国的时候，我与我这本书的中国出版方的员工一起吃饭。其中一个人给我讲了一个古老的故事，故事里有一个总是不快乐的老妇人。

这个老妇人有两个儿子，一个儿子卖伞维生，另一个儿子则卖盐。

每天早上，老妇人起床后都会看看窗外。如果看到阳光明媚，她就会抱怨：“太糟糕了，今天肯定没人买我儿子的伞。”

如果她看到窗外飘着雨，就会抱怨：“太糟糕了！没人会出门买我儿子的盐了。”

许多年里，老妇人都感到心情沮丧，最后她去向一位僧人求教，问到底应该怎么样做才能获得快乐。僧人的回答既简单又深刻：“改变你看待事物的方式：如果下雨，就感谢上苍，因为今天会有人买你儿子的伞；如果天气晴朗，也要心怀感恩，因为人们会来找你另一个儿子买盐。”

老妇人听取了僧人的建议，她的生活很快发生了巨大变化。她只是改变了自己的视角，但是视角决定一切。我们改变看待世界的方式，就会发现新的事物，或者以新的方式看待旧有事物。积习难改的抱怨会让我们把注意力都投注在不好的事物上。不再抱怨，你就能看到世界上有更多令人感到快乐的东西。

人们知道，幸福本来就有一定的自欺性。但是，不幸福也有自欺性。生于奥地利的英国哲学家路德维希·维特根斯坦（Ludwig Wittgenstein）曾经说过："幸福者的世界和不幸福者的世界不同。"

生命本是一场幻象，我们自己的视角就是我们的幻想。选择那些能够给你带来唯一重要的事情——幸福——的幻想吧。

第四部分

无意识的有能

第九章

臻入化境

真诚的分享

四年前，我那做警察的二十三岁的长子，在开车时突发脑出血。细节在此不多描述，总之这是段漫长的旅程。但一路走来，我们全家始终凭借对上帝的信任以及无条件的爱互相扶持。

班正在复原当中（所有的医生之前都说他熬不过来），也心平气和地接受了自己的残疾——这对我们所有人来说，都是一项要修习的功课。而神的恩典也在他心中满溢。

班有轻微的失语症，右半身失去行动能力，反应也有些迟缓，但他持续进步着——而且他从不怨天尤人。这就是我们需要手环的原因。如果班可以无怨无艾地背起自己的十字架，我们其他人当然也行。我希望那些在复原之路上帮助过班的人，都能够拿到手环。

非常感谢您，同时要祝您好运，顺利完成使命。您和贵教会已经产生了莫大影响！

——诺琳·凯波

康涅狄格州史东宁顿市

“阳光在我的眼中闪耀，但我几乎什么都看不到，
也做不成我应完成的任务。
憎恨这鲜活生动的光辉，我开始抱怨。
突然我就听到了空气中回荡着盲人手杖敲击地面的声音。”
——厄尔·马塞尔曼（Earl Musselman）

所谓“盲眼鱼”有好几个品种，其中大部分都可以在美国密西西比三角洲一带的石灰岩洞穴区找到。成年的盲眼鱼身长五英寸，几乎没有什么色泽，且所有品种中只有一种是有眼睛的。科学家推测，可能是多年前大陆板块或水道发生变化，它们被困于洞穴中，只能在那里生存。由于完全被黑暗包围，什么也看不见，这些鱼逐渐适应了洞穴的环境。

经过世代的繁衍，盲眼鱼身上能保护鱼皮不受日晒的色泽已不复见，因为那再也派不上用场了。同样的，盲眼鱼也不必靠眼睛来繁衍后代。

在你花了几个月的时间努力成为不抱怨的人之后，你会发现自己已经改变了。正如盲眼鱼在世代繁衍之后，没有用处的器官和功能就会退化、消失。你也将发现，自己的心灵不会再制造那些曾习以为常的愁苦洪流了。你不说抱怨的话，于是心中的抱怨工厂也就关门大吉了。你已经旋紧栓塞，水井也干涸了。借由改变自己的言语，你已经重塑了自己的思考模式。对你来说，你已经可以“无意识”（毫无所觉）地达到“有能”（不抱怨）的状态了。

我组织、主持过一个不抱怨的研讨会。在会议中，我希望让观众们感受一下当所有人都抱怨时，整间屋子里的负能量究竟会有多大，同时我

也想让他们练习一下如何在抱怨后移动手环，所以我请所有的与会者两两搭档，轮流抱怨并移动手环。

> “没有人能通过抱怨到达成功的顶峰。”
>
> ——弗兰克·柏杜（Frank Perdue）

我注意到有一位女士没有找到搭档，所以我就跟她一起做这个练习。她首先抱怨了自己的母亲，然后移动了手环，期待地看着我，告诉我该我抱怨了。我站在那里，却完全说不出话来。我想不出来任何可以抱怨的东西，即使是我在脑海中想到了一些可抱怨的东西，我也意识到自己很难组织语言将它们表达出来。

过去几个月，我一直在仔细检查自己说的每一句话。现在，我的思想已经转变了，我心中的抱怨工厂也就关门大吉了。而且，我已经习惯于捕捉自己的抱怨，并将其扼杀在摇篮里。因此，我现在感觉只要自己一抱怨就会有晴天霹雳。

我现在已经达到了无意识的有能阶段。抱怨于我，如光线于盲眼鱼一样。我已经丧失了抱怨的能力。而且，更重要的是，在努力做出改变后，我变得快乐多了。

这就是为什么对所有连续二十一天不抱怨的成功者，我们会颁发“快乐证书”而不是“不抱怨证书”。所有坚持下去、挑战成功的人都会感觉到自己变得更快乐了，我们希望通过“快乐证书”来让他们认清自己的真实转变。

一旦你挑战成功了，请登录我们的网站www.AComplaint-FreeWorld.org，下载你的“快乐证书”。你坚持了下来，取得了成功，你的生活因此会产生积极的、令人兴奋的改变。

在“无意识的有能”阶段，你不再只是关注伤害而喊“痛”，而是把心思都放在你想要的东西上。你也开始注意到如何表达自己的期望。不只是你自己更快乐了，连你周遭的人们似乎也更快乐了。你会吸引那些乐观向上的人，你的积极天性将激励身边的人进入更高的精神与情绪层次。借甘地的观点来说，你本身就体现了你希望在世界上看到的改变。当一切进展顺利时，你的第一反应是：“当然会这样！”当困难出现时，你不会对其他人提起，不会让它有扩散的机会，而是开始寻找其中隐含的祝福。而且，你寻找，就必寻见。

在“无意识的有能”阶段，你还会注意到另一件事，那就是当周遭的人开始抱怨，你竟然会觉得很不舒服，仿佛有一股非常难闻的气味突然飘进室内。因为你已经花了那么多时间检视自己、对抗抱怨，所以当你听见别人口中吐出怨言时，就好比在神圣的宁静时刻里出现了嘈杂的铙钹声。然而，即使旁人的牢骚听来很不顺耳，你也觉得没有必要指正对方，而只是观察着这样的现象——因为你既不批评，也不抱怨，对方也不必为自己的行为辩解。

你会开始为了微不足道的小事而感恩——就连以前觉得理所当然的事也不例外。以我自己而言，我曾这样想过：“要是我最后一次梳头时知道那是我自己最后一次有机会梳头，我就更能享受这段时光了。”（如果你不懂，请看看我在本书封面勒口上的照片吧。）当你已经稳定地处于“无意识的有能”状态，你心中的预设立场会是欣赏与感恩。你仍然有自己渴求的目标，而且这样很好。现在，带着新发现的正面能量，你仍然渴求的目标会在你心中具体成形，而且你会明白，就算是现在，你也在朝着这个目标步步接近。

“伟大永远不会垂青那些不求上进的人。”

——《嘉言集》

你的财务状况可能也会跟着改善。钱本身并没有价值，它只是一些代表价值的纸张与硬币。当你更加珍惜你自己和你的世界，你就会释放某种吸引力场，为自己招揽更广的财源。大家会想要提供给你一些以往你可能需要付费购买的东西。我认识的一个人就接受了好几种免费的专业服务，因为提供这些服务的人喜欢他，喜欢他身上散发的能量。同样的事也可能发生在你身上。

认真看待任何微不足道的小事，并且时时感恩。如果有人为你开门或好心帮你提东西，把它们当成是这个宇宙对你的丰盛的祝福，如此一来，你就会吸引来更多的祝福。

人们都更愿意和积极、快乐的人相处。既然你就是这样的人，另一种改善你财务状况的渠道可能就是加薪或者更多的工作机会。

决定一个人工资水平的是以下三点：

1. 对你所做的工作的需求。

2. 你工作的能力。

3. 找到替代者的难度。

一个人只要经过训练就能做大部分工作，但是一个能以自己的正能量点亮整个办公室的人，在工作场所中像金子一般宝贵。

我曾经在华盛顿州西雅图的一家广播电台工作。我们的前台接待名叫玛莎，她有着我所见过的最开朗、最灿烂也最真诚的微笑。她总是不吝赞美，衷心喜悦，愿意为任何人做任何事。在办公室里，你时时可以感觉到她的存在，而每个人也都发现，自己因为玛莎而变得更愉快、更有创造力了。

离职几年后，我回到这家电台去探访朋友，觉得这里有点不一样了。站在大厅里，我感觉整个电台的气氛和感觉都不一样了。就好像有人用了比较暗的颜色粉刷墙壁，或是照明出了什么问题。

“玛莎呢？”我问道。

销售经理说：“她被别的公司挖走了，薪水是我们这边的两倍多。”她四处张望了一下，又追加一句，“那家公司赚到了。”

玛莎快乐昂扬的性格所散发的热力，影响了这家电台的每个人；而她的离职，则使全体员工的快乐程度和生产力都降低了。业务员说，当没有玛莎接电话时，客户的抱怨不仅增加了，也变得更为激烈了。

成为不抱怨的人，还能获得另一份最重要的礼物，就是你对家庭造成的影响力。你的孩子一般都会以你作为自己的榜样，并且学习你对生活的态度。他们会受到你的影响，像你一样看待事物。

我还记得小时候我爸爸在厨房忙碌的模样。他每次做菜，都会拿一条擦碗盘的抹布挂在左肩上，而且称它为“左肩烹饪巾”。他总是挂着这条烹饪巾，要从炉子上端起热食或是要擦掉手上的东西时，这条抹布就能派上用场。现在，只要我进厨房做菜，你就会发现我也挂着自己的“左肩烹饪巾”，而且绝不会在右肩上，一定是在左肩。爸爸以前这样挂，现在我也这样挂。

或许我爸爸也是看他爸爸这样做，就跟着挂起来了——谁晓得呢？我只知道，这是我从他身上学来的习惯，对于这个习惯我从来没有多想过。我父亲从来不曾刻意把这独特的作风灌输给我，但他的身教确实发挥了作用。

作为父母、祖父母、叔伯姨婶等，你也是在潜移默化地影响着年轻人。孩子们变成他们看到的大人的样子。现在，你知道了抱怨究竟有多大的毁灭性，你希望你的孩子也养成抱怨的习惯吗？你希望他们的世界观灰暗，感觉自己就是一个受害者吗？

近来，在一次讲座之后，一位女士过来问我："我如何才能让我的死孩子不再抱怨那些小事？"然后，她又跟我很详细地抱怨自己的孩子带来了多少问题、麻烦。

我知道，她的孩子只是在模仿她的语言和态度，于是告诉这位憔悴的母亲："也许你应该首先自己做到不再抱怨。"

她恼怒地看了我一眼，说："要不是有我那个死孩子，我才不会抱怨呢！"

我只能叹气了。

我发现，在我们开始不抱怨的生活方式之前，我都在教导莉亚：全家人的晚餐时间就是抱怨和讲闲话时间。现在，我感到非常欣慰，我们在晚餐桌上谈的净是当天发生的事情。这才是我想传承给她的，而她也将以身作则教给她的孩子，世世代代绵延下去。

不抱怨的人一般能更轻松地获得自己期望的东西，因为人们喜欢帮助那些乐呵呵的人，而不是那些对他们严加苛责、长篇大论的人。现在，你不再抱怨，大家都更想和你共事或为你工作，而你会缔造更高的成就，得到更多的收获，远胜过自己梦想所及。给它一点时间，同时仔细观察，这一切就会发生。

常有人会这样问我："那我所强烈关注的社会议题呢？如果我不抱怨，要怎样才能造成积极的改变呢？"重申一次，改变源于不满。只要有人像你一样，发现事情的现况与理想状态之间有落差，改变就会发生。但不满只是开端，不能成为结果。

如果你抱怨某种状况，你或许可以吸引其他人跟你一起嘀咕、抱怨，却发挥不了多少作用——因为你的关注点一直是现存的问题，而不是解决问题的方法。然而，如果你能开始描绘挑战不复存在、落差已经填补、问题也获解决的光明愿景，你就可以振奋人心，促使人们做出积极、正面的改变。

不抱怨的另一个好处就是，你会发现自己不再那么经常生气以及害怕了。生气就是害怕的外向表现。因为现在你已经不再是一个整天忧惧的人了，你也就不会再吸引那些生气、害怕的人进入你的生命。

在《灵魂的座位》（*The Seat of the Soul*）一书中，畅销书作家盖瑞·祖卡夫（Gary Zukav）写道："抱怨是一种操控的形式。"就像我们在第四章中提到的一样，人们抱怨往往是为了操控别人，掌握操纵别人的力量。

"抱怨是一种操控的形式。"

——盖瑞·祖卡夫

我有个朋友曾在一个小镇做牧师，他所属的教会找来了一位顾问，要帮助他扩展教会。

顾问说："找到他们害怕的东西，用那个东西激怒他们，他们就会对别人抱怨这种状况。这样会让他们团结一致，吸引更多人进教会。"

这套方法似乎有违我朋友正直的人格，他认为自己的教会应该是去帮助有需要的人，而非激怒一群暴民。他打电话给另一位牧师同事，询问这种恐惧和愤怒的技法在他的教会里实施成效如何。

另一位牧师说："非常好。这带来了好多新朋友。问题是他们是一群惊惶又愤怒的人，一天到晚都在抱怨——现在我已经被他们整得焦头烂额了。"

我朋友所属的教会逼他采纳这个顾问的建议，但是他拒绝了。后来，我的朋友辞去了这个教会的资深牧师职位，成为医院的牧师。他现在活得很正直，也很快乐。

如果你想知道通过抱怨积累操纵力的例子，那么就请看罗伯特·普雷斯顿（Robert Preston）主演的经典电影《欢乐音乐妙无穷》（*The Music Man*）吧！影片中，普雷斯顿饰演肆无忌惮、讲话如连珠炮般的推销员——哈罗德·希尔教授，负责兜售乐团用的乐器。他来到艾奥瓦州，向他的老友——由巴迪·哈克特（Buddy Hackett）饰演——问道："这城里有什么东西可以让我用来激怒大家？"哈克特告诉他，城里刚送来第一张台球桌。

希尔教授于是抓住了这个时机。他唱着歌到处宣扬，玩台球会彻底败坏道德，使全镇陷入恐慌。

当然，希尔解决台球游戏所招致的"道德败坏"和"集体歇斯底里"问题的办法，就是让年轻人全都加入乐团。杰出的销售员希尔教授将乐器和制服卖给每个人，因此扭转了颓势。他为了自身的利益而煽动抱怨的焰火，操控了城里的人民。

祖卡夫说得很正确。抱怨是对你的能量的操控。既然你已经是个不抱怨的人了，当有人想用负面的言语来试图操控你时，你就会警觉到。

我离开大学后做的第一份工作就是销售电台广告。我的老板告诉我，在写广告时，为了激励人们购买，我需要包括两个方面。

"是哪两个方面呢？"我问。

“恐惧和欲望。”他回答道。

他解释说：“如果你想要让别人买东西，就要让他们觉得假如自己不买这个东西，可能会产生什么令人恐惧的后果。然后，告诉他们，如果他们买了这个东西，会有多好的事情发生。”

当时，经验不足的我望着他，不大明白为什么要这样。

他继续说道：“如果你不能让人们相信假如他们买了某样产品后能够获得多少收益，那么至少要吓唬他们，让他们知道如果他们不买会发生什么——这种方法屡试不爽！”

就像电影中的哈罗德·希尔教授说的一样，人们会通过抱怨来试着恐吓你，让你去做他们想要你做的事情；接下来，便是与“抱怨”如影随行的“麻烦”了。

“但是，抱怨不是有益健康的吗？”

媒体就不抱怨的现象采访我的时候，总是想要把我和那些认为抱怨使身体、心理更健康的心理学家扯在一起。每当这时，我就会告诉他们，我并不想要改变别人。如果他们想要抱怨，那就尽管去抱怨吧！而且，需要说清楚的是，当碰到你能够改正或完善的事情时，我并不主张保持沉默。不要退缩，也不要沉默，但是你要确保自己是在向那些能够解决问题的人陈述事实。

不要抱怨，只是陈述。

至于那种认为“抱怨令人健康”的说法，请记住，抱怨的意思是：“一种包含能量的语言，它让你将精力投注于当下存在的问题，而不是问题的解决方法。”一般来说，抱怨中包含的能量是强烈的不快。“强烈的不快”就是词典上对“生气”一词的解释。所以说，抱怨往往是生气的表达方式。

有一种说法，认为表达愤怒是一种健康的行为。事实并非如此。

布拉德·布什曼教授（Dr. Brad Bushman）为密歇根大学社会研究院的高级研究员，他花了将近二十五年的时间研究愤怒。他认为："我们的研究成果清楚地显示，发泄愤怒情绪会提高而不是降低人的攻击性。"

"我们的研究成果清楚地显示，发泄愤怒情绪会提高而不是降低人的攻击性。"

——布拉德·布什曼教授

在其发表的《好奇的思想——你的社会心理学》（*The Inquisitive Mind—Social Psychology for You*）（http：//www.beta.in-mind.org）一文中，布什曼写到了"宣泄论"（catharsis theory）。"宣泄论"是心理学上用来指称释放愤怒的术语。

> 宣泄论认为，表达愤怒可以让情绪得到健康的释放，所以说对人的心理很有好处。宣泄论可以追溯到弗洛伊德甚至是亚里士多德，听起来非常吸引人。不幸的是，事实和科学研究证明，发泄怒气并不能产生任何积极作用，反而会伤害人类自我及其周围的人。

拉斯维加斯的两位魔术师佩恩和泰勒致力于破除人们的错误理念，在他们的网络节目*Bulls**t!*中，他们邀请布什曼教授证明自己的观点。

布什曼邀请六个大学生参与这一心理实验。其中，每个学生都待在一个小房间里，实验工作人员给他们每人一支笔、一张纸，让他们自己命题写一篇文章。差不多三十分钟后，布什曼的研究助理约翰收上了这些作文，并告诉学生们其他学生会评价他们的作文。

事实上，根本没有什么其他学生。约翰在学生们的作文上方用红笔写下：“不及格！我读过的最差的文章。”然后，他把作文还给学生。通过录像你可以看出，在自己的作文获得差评后，学生们的脸上露出了愤怒的表情。

约翰继而给其中的三个学生发了枕头，让他们砸几分钟枕头，以释放由此引发的怒气。

另三个学生则被当作实验参照，工作人员只是让他们安静地坐在那里冷静几分钟。

此后，约翰对每个学生说，现在他们每个人都有一个机会向点评自己文章的人“寻仇”。我们知道，其实根本就没有其他学生，而是布什曼的研究助理约翰在学生们的作文上写下了低分与差评；但是这些学生自己并不知情。

走进每个学生的房间时，约翰都端着一个托盘，托盘上方有滚烫的调味汁以及杯子。约翰告诉学生们，他们可以选择让假想的“其他学生”喝多少调味汁作为惩罚。当学生按自己的心意把一定量滚烫冒泡的调味汁倒入杯中，工作人员测量了每个杯子的重量。

结果非常有趣：那些砸过枕头的（也就是表面上看来释放过怒气的）学生，往杯子里倒的调味汁更多。

现在，让我们来想一想：传统的怒气发泄说认为，砸过枕头的学生已经释放了怒气，平息了心中的火焰，释放了心中的恶魔，等等。事实上，在尽情释放过后，相比于静坐的学生，那些砸过枕头的学生心中的怒气和憎恨反而多得多。

布什曼说："我们的实验结果显示，比起什么都没做的人来，发泄过怒气的人的攻击性是他们的两倍。"

这还只是实验的第一部分。实验的第二部分更好地向我们展示了发泄怒气如何增强而不是减弱心中的不安。工作人员给学生每人一张纸，上边列有一些没有拼写完全的单词让学生们补全。这张纸上写有：

C H O _ E

A T T _ C _

K I _ _

R _ P _

那些砸过枕头，也就是根据人们的传统认知已经释放过怒气、应当更加平和自信的学生，他们填写的答案往往如下：

C H O K E（窒息）

A T T A C K（袭击）

K I L L（杀害）

R A P E（强奸）

而那些没有通过砸枕头释放怒气的学生则是这么填写的：

C H O S E（选择）

A T T A C H（连接）

K I T E（风筝）

R O P E（线）

砸过枕头的学生填写出来的单词更具暴力性。布什曼说："发泄后，人们更具攻击性。”简单来说，几十年来，人们普遍接受的心理辅导人员、心理学家、大众媒体广泛应用的释放怒气法，其实是没有依据的。

不过，需要明确的是，有些人情绪受到了压抑，需要释放那些被压抑的情绪。这个可以通过与有资质的心理医生、心理辅导员合作完成。然而，当心理健康者的生活中出现令人压力增加、心烦意乱的事件时，击打、喊叫、尖叫、扔东西等试图让怒气释放的方法，其实都是没有科学依据的。

> **“生气时，在心中默数十下再说话；如果你非常生气，那就默数一百下。”**
>
> **——托马斯·杰弗逊**

上周，我在我们不抱怨的世界Facebook粉丝主页上发了一条信息，告诉人们释放怒气这一说法是没有依据的，这立马招致“专家”的抨击。发泄怒气早已变成一个“都市传说”，人们都热切地相信这个说法。但就如畅销书作家马尔科姆·格拉德威尔（Malcolm Gladwell）所言，释放怒气这一理念“变得很有黏性”，附着在我们的认知系统之上。

不要忘记了，哥白尼发表《天体运行论》（*On the Revolutions of the Celestial Spheres*），提出地球绕着太阳转而非太阳绕着地球转时，受到了当时专家们的猛烈攻击。

我们从媒体或者一群所谓专家那里听说了“释放怒气”的必要性，于是在现实生活中践行了起来。在一篇名为《宣泄、攻击、劝导性影响：终将实现还是自证预言？》（Catharsis，Aggression，and Persuasive Influence：Self-Fulfilling or Self-Defeating Prophecies?）的文章中，布拉德·布什曼博士和雷·F. 鲍迈斯特（Ray F. Baumeister）、安吉拉·D. 斯达克（Angela D. Stack）指出："实验参与者接触过宣泄论，阅读过那些声称攻击性行为有助于减小压力、减少怒气的杂志后，往往会表现出更强烈的砸东西的欲望。"

也就是说：当某个人听说发泄怒气对心理健康有好处时，就会接受这种说法，并且寻找机会发泄出来，认为这样更有助于健康。

但这是错误的。

我意识到，对许多人来说，这是一个非常有争议的话题。因为太多人都相信宣泄论了。但是，仅仅因为千百万人几千年来都相信地球是平的，这并不能改变地球的形状；仅仅因为相信宣泄论的人人数众多，这也并不能使它真正成为能让人生活得更快乐的有效办法。而且，根据布什曼博士的研究，事实恰巧相反——发泄怒气让人生活得更不快乐。

如果发泄怒气让我们变得更快乐，那岂不是最常抱怨的人就是最快乐的人？

布什曼说："对于那些不知道怎么处理自己的怒气的人来说，如果他们的心理医生让他们发泄怒气，那么请尽快换一个医生吧。"

我不是心理学家，甚至从未在电视上扮演过心理学家。我在这方面的经验，完全来自我弃绝抱怨后人生的蜕变，以及许多人跟我的无私分享——他们在不抱怨之后，都变得快乐、健康多了。对我来说，如果抱怨能让我们健康，那我们国家——美国——的人民，就应该是全世界最健康的人。然而，在医疗系统堪称全球最大最棒的美国，每年因心脏病死亡的人数比其他百分之九十三的国家还高。布什曼博士看出了其中的关系，他说："表达愤怒者患心脏病的风险更大。"

> "不抱怨者永远都不会变得可悲。"
>
> ——简·奥斯汀（Jane Austen）

美国人还面临高血压、中风、癌症与其他各种疾病（disease）的威胁——"disease"这个词拆开来看，就是"不舒服"（dis-ease），你发现了吗？

路易斯维尔大学（University of Louisville）的心理学家麦可·康宁汉博士（Michael Cunningham，Ph.D.）指出，人类偏好抱怨的倾向，可能是从先祖在部落遇难时发出的一种警戒性呼叫进化而来。

"哺乳类动物是一种会尖叫、哭闹的物种。"康宁汉博士说，"我们会声张自己的烦扰以取得帮助，或是寻求众人支援来进行反击。"如今，我们已不需要用激烈的抱怨来自我防卫了，但抱怨还是在演化过程中保存了下来，这是因为，就如之前所讨论的，我们仍想从抱怨中获得心理上与社会上的助益。

当我们抱怨时，就是在说："事情不太对劲。"当我们经常抱怨时，就是持续活在"事情不太对劲"的状态中，因而增加了生活中的压力。试想若有人经常对你说"注意啊！""小心哦，会有坏事发生"，或是"从前发生过不好的事，这就代表往后会有更多坏事降临"，不断指出你的周遭潜藏着危机与陷阱，你的生活难道不会备感压力吗？

当然会。所以，如果你经常抱怨，那个按响警铃的人就是你自己。你是在借由抱怨加重自己的压力；你在说着"事情不太对劲"，而你的身体也会随着压力的出现发生相应的变化。

谈到集体的压力，我想起了我大学母校里的军校生——每当低年级生在路上遇见高年级生时，都要做出“挺直立正”的动作。所谓的“挺直立正”就是：军校生必须将双臂贴住身体两侧，缩下巴、绷身体，进入随时准备好要作战的状态。而抱怨的时候，我们的心思专注于不对劲的地方，身体也会跟着有反应——我们的身心都处在“挺直立正”的紧绷状态。我们的肌肉会纠结成块，心跳加速，血压升高。

你觉得这样健康吗?

2006年2月27日在福布斯网站上发表的一篇文章指出，美国销售量最多的药物排行榜中，前七名——没错，就是这样——全都是用来治疗因压力过大而有所恶化的疾病的。光是2010年这一年，美国人在治疗抑郁症、胃痛、心脏病、哮喘与高胆固醇的药物上，就花费了三千零八十亿美元。

你也许会认为：“好，我了解抱怨会增加压力，而压力会导致心脏病、抑郁症及胃痛，但这可不包括哮喘与高胆固醇。”

2005年11月的《健康心理学》期刊（Health Psychology）上发表了来自伦敦大学学院（University College London）的心理学家史戴托（Andrew Steptoe）及其同事所做的研究，详细检视了压力对胆固醇的影响。在这项实验中，史戴托博士与助手们让一组实验参与者处于充满压力的环境中，并测量其胆固醇指数。在历经压力事件之后，他们发现受试者的胆固醇指数都明显上升了。压力的确会提高胆固醇。

至于哮喘，美国医疗网站 WebMD 的哈菲尔德（Heather Hatfield）说：“当我们的焦虑（压力）程度开始提升时，哮喘症状可能会急剧加重。”压力让哮喘快速恶化。

和心理学家或其他咨询人员谈论生命中遇到的挑战与困难，借此渡过这些难关，也可能是健康的做法。好的心理学家能赋予这些事件以意义，并针对未来的理想生活提出希望，并提供建设性示范。然而，对朋友、同事、家人抱怨——通常被称为“发泄”，可能只是让自己放纵负面情绪的借口，并会招致愈来愈多的问题。更别说是和态度消极的人为伍，那更容易近墨者黑。

很多时候，我们都需要“处理”生活中发生的事件，才更能掌握当前面临的情境。“处理”和“抱怨”是两回事。“处理”是分享你对已经发生的事件有何感受，而不是去重塑这些事件。如果老板对你大吼大叫，你可能想和另一个人谈论这个经验，分享自己的感受。你可能会说：“他对我大吼大叫时，我觉得又惊讶又难过。”

当你在“处理”某项经验时，要确定自己说的话都聚焦于你的感受，而不是你对这件事的解读和说明。使用以下措辞：

- 生气
- 难过
- 高兴
- 快乐
- 愤怒
- 害怕
- 欢喜

用第一人称说：“你这么做时，我感到害怕。”这句话里包括了你的经验，而且你也正在处理这个经验。“你这么做，让我觉得你是个浑蛋。”这句话就只是责难，且在言语攻击之前放上了“我觉得”。你的感觉就是最好的指标，显示出你本着最理想的自我来过人生的成效如何；和另一个人讨论自己的感觉，不旁述背景故事或是谁说了什么之类的情节，也是健康的事。

即使是寻求治疗专家的协助，也不要耽溺于任何痛苦的经验太久。罗宾·柯瓦斯基博士发表过一篇名为《抱怨语言与抱怨行为：功能、先例与结果》的论文。其中她发现，谈论问题本身会让问题更加泛滥。她用精练的语句写道："谈论症状让症状加剧。"

好的治疗专家会知道该花多少时间和精力来处理过去，并帮助你运用已经发生的一切创造更令人向往的未来。心理治疗是非常有效的工具，能够帮助你了解自己的思维如何运作，教会你如何利用自己的力量选择自己思考的东西、创造自己想要的生活。

史蒂芬·迪亚兹（Steven Dietz）的剧作《小说》（*Fiction*）中，有一个角色评论道："作家不喜欢写作，他们喜欢写作完成后的结果。"同样的，人们也不喜欢改变，却喜欢改变后的模样。尽管这非常困难，但你已经付出了意愿、时间和精力，不断地移动手环，而且一再重新尝试。你是一个新的人了，你已经改变了，并且这种改变会持续下去。赫赫有名的高级法院副检察长奥利弗·温德尔·霍姆斯（Oliver Wendell Holmes）说过："被新观念拓展过的心灵，绝不会再缩回到原本的规模。"你已经成功了。

如果你在阅读这一章时，还没有成功地做到二十一天不抱怨，就让本章作为这一天即将来临的应许吧。就像我之前反复说过的：坚持下去！

有一句话是这么说的："如果你已经在洞里了，就别挖了。"如果到现在为止，你的生活还是没变得像你期望的那样，那么，就别再通过抱怨把洞挖得更深了。

在下一章中，那些挑战成功、连续二十一天不抱怨的人会与你分享心得。看看他们在变得不再抱怨后，生活发生了怎样可喜的变化吧！

第十章

二十一天的优胜者

"为了享受拥有自我的特权，付出再高的代价也不为过。"

——弗里德里希·尼采

我们将那些坚持到底、获得胜利的人称为"二十一天的优胜者"。本章由二十一天的优胜者自己写成，也献给所有的二十一天的优胜者。

读他们的故事时，请特别注意他们故事中的共同主题，看看你是否能在别人的经历中找到自己的影子。

~凯西·派瑞~

（代课老师）

我在4月24日完成了二十一天不抱怨的挑战——我差不多花了十个月才成功。在这个挑战的过程中，我曾经多次放弃然后重新开始。光是要做到一整天不抱怨，就花了我好几个星期的时间。从我丈夫也戴上手环开始不抱怨的旅程后，练习就变得容易多了，因为他加入后，我们可以彼此支持，一起面对挑战。

这项挑战让我认清自己到底有多么经常抱怨，也使我注意到自己的思想与言语。一旦我明白自己真正在意的焦点是什么，我就能改变角度，从不同的视角来看待自己、别人和我每天所遭遇的各种处境。我一直在转化，从每天反复叨念着“我好累”“我睡眠不足”或是“时间永远都不够”，到后来睡眠安稳、心情愉快。当我改变了注意的焦点，保持积极的态度就变得容易多了，生活中正面思考的雪球愈滚愈大，我的心情也愈来愈好。现在，我更有活力，更加快乐，也更为轻松。我和家人的关系也改善了，在我们平日的对话中，赞美要多过埋怨。

“我们的家变成了一个平静安适的所在。”

——凯西·派瑞

完成挑战并非易事，要做到第一天完全不抱怨，必须花费相当多的时间与心力。当你转变了习惯与思考方式，一切就会变得容易得多。而不停尝试则是成功的关键。

对我来说，这项挑战不只是让我停止抱怨，它还使我把抱怨转化成感恩，为自己拥有的福分感到庆幸。我会去关注好的事情，而不是只看到有什么可抱怨。

~ 唐·派瑞 ~

（桥梁设计师）

我太太在去年7月展开不抱怨的挑战，当她告诉我这件事时，我觉得很有意思。我注意到她改变了很多，于是我也开始戴上紫手环。八周之后，我才做到一整天不抱怨；五个月后，我才终于完成了二十一天不抱怨的挑战。

在这个过程中，我发觉抱怨会严重影响自己的心情，让我从相当悲观的角度看待许多事情。知道别人对我的负面态度做何感想时，我觉得非常惊讶。有一天工作时，老板问起我戴的紫手环，我告诉他这是为了要进行不抱怨的挑战，他听后高兴地说："唐，你吼人骂人的时候，还真是挺可怕的。"

当我把这件事告诉家人，他们同样也觉得，我在看报或看电视发火时的确很吓人，很多时候他们都很想逃开。

现在我了解到，自己的愤怒与抱怨，都是源自我对工作没有安全感。由于我不确定是否能把工作做完，我会对愿意倾听的人抱怨工作量太大、完工期限快要逼近了。万一我无法完成工作，是否就意味着我的工作能力不够？因为我对工作又害怕、又生气，所以就只好抱怨。但如今我明白，要做的事总是很多，我只要尽力去做就好了。

这份领悟让我得以面对一个事实：我无法控制工作上及生活中的其他领域会发生什么，而抱怨也无济于事。我发觉当我愈少抱怨，我就愈不担心。放下过度的忧虑，我更能享受居家时光，也更能纯粹地放松自己了。

不抱怨运动帮助我在工作和生活中都变得更快乐。我的负面反应带着毒害人心的扩散因子，但我新学到的正面态度则具有疗伤止痛的感染力量。它带给我的快乐会扩散传播。

"现在，我的老板都叫我'阳光先生'呢。"

——唐·派瑞

~ 梅勒妮・卡米拉・帕卡德 ~

（持证人生导师）

十一年前，我第一次与现在的老公约会时，我们非常相似：我们抱怨一切——我们的童年、我们之前的伴侣、我们的工作、我们的经济状况、我们的难题、我们的朋友……我们所有的对话都是围绕着生命中不对劲的东西。我们每天都是这么过来的。

差不多七年前，我感觉生活并不应该总是那么糟糕，我应该找到一个方式让自己享受生活，而不是沉浸在自怨自艾、愤怒憎恨中。我决定做出一些改变，开始充满喜悦与爱的生活。我将之称为“对快乐的探求”。在这一过程中，我开始以全新的、乐观的视角看待生活。这不仅改变了我的生活，也改变了我周围大部分人的生活。唯一没有受此影响的是我的丈夫迈克。

我的丈夫搞不懂为什么我要抑制、戒除自己的消极思想。曾经，我们的对话中充满了消极思想。但是现在我们之间的对话、互动越来越少，我们的婚姻开始出现裂痕。由于他总是那么消极，我开始感到焦虑，甚至憎恨他。我甚至给他取了个昵称叫“消极的娘儿们”。每当他在我身边时，我都会感觉到他要抱怨了，他要传播消极思想了。情况变得非常糟糕，以至于每当听到车库门打开、迈克回家时，我和我们的两个女儿就会感到失望和焦虑。我曾很认真地考虑过离婚，因为我不想再与那么消极的人生活在一起。

这就是当时的我，一方面声称自己要积极、只表达爱，另一方面却总是对自己的丈夫不抱任何希望。更糟糕的是，我们的孩子也受到了我的影响，对我丈夫的期望值极低。她们都对我丈夫持有消极的看法。

然后，美妙的事情发生了！有人向我介绍了《不抱怨的世界》一书。现在我甚至都记不得具体是谁向我介绍了这本书，不过听到书名后，我就意识到自己应该尽快阅读该书。于是我带着孩子们去图书馆，在图书馆，我查到这本书还在，便赶快借来开始阅读。

“我们的生活永远改变了，我的婚姻也得到了拯救！”

——梅勒妮·卡米拉·帕卡德

你的书以及书中的道理教会我：我们对别人有怎样的期许，别人就会怎样对待我们。这令我茅塞顿开。我立马决定以后我永远对我的丈夫只有最好的期许。我召集女儿们开了一个小型家庭会议，告诉她们我从书中学到了什么，她们都很兴奋，想要变成“实验”的一部分。

这是差不多一年前发生的事情。现在我们仍在一起，而且感情更加紧密了。现在，我不能说我们做到了最好，但是一切都在进步中，每天我们都会有所进步。我花了十个月的时间才做到连续二十一天不抱怨。我和我的女儿们现在还戴着紫手环，时刻提醒自己不要有消极思想。正因为有你，我们现在知道：我们应该得到别人最好的对待，应该对所有人都有最好的期许。而且，你知道吗？我们也得到了别人最好的对待。

对我们全家人来说，不抱怨行动改变了我们的生命。

~ 吉尔·温特 ~

（大学教授）

我原以为自己很积极，但是几年前的夏天，我发现我对丈夫以及孩子的看法和行为都很糟糕。我总是如此易怒，连我都受不了自己！

我决定上网找点关于抱怨的东西读读。我发现了威尔·鲍温的书，很快就订购了一本，并将有声书下到我的iPod上，以在开车的时候收听。

这正是我所需要的。在书中理念的指引下，我开始了不抱怨的旅程，首先学会了如何意识到自己的语言，然后学会了如何改变自己的语言。这改变了我的行为和表现，让我自己变得更加积极了。减少不必要的抱怨和讲闲话，这是一件非常有挑战性的事情；然而，每当你在不抱怨的旅程中取得一小点成功，你都会感到一种宝贵的平和感，并且感到自己在变得更好。

我任教于亚利桑那州菲尼克斯市钱德勒-吉尔波特社区学院，因为深受不抱怨的理念影响，我将其引入了我的课程中。我决定，不要自己一个人完成挑战，而是邀请一百五十个大学生与我一起接受挑战。

一个学期只有四个月的时间，其间只有一个学生完成了挑战。然而，即使在学期结束后，仍然有不可思议的事情发生！我要求学生们写下自己的经历，并创建网站展示自己的学习进度。读到学生们的文章，了解到他们各有不同的、非常特别的不抱怨之旅后，我感到非常震惊。尽管没能在一个学期中完成二十一天的挑战，但是他们还是看到并且感受到不抱怨行动对他们以及他们身边人的积极影响。其中一个学生是这么写的：

亲爱的温特教授：

我非常喜欢参加不抱怨的行动这个实验，也非常喜欢上你的课。我了解了人性，并且知道了如何更好地认识那些构成这个社会的无形力量。作为整体的人类以及不同群体中的人都非常出色。认识到构成人类的不同点后，我更好地理解了我们来自哪里、我们何以成为自己、我们是谁。

……

如果全世界所有人都参与了不抱怨的挑战，那能够消除在种族、阶级问题上存在的多少隔阂啊。

由此想来，这是你的课程中我最喜欢的一部分！这就好像是我们每个人都卸下了一直穿在身上的保护盾。通过这个主题以及你对课程的开明与热情，我想我们所有人都试着从不同的视角看待彼此了。

……

尽管我并没有在一个学期内完成二十一天不抱怨的挑战，但是我在下一个学期里取得了成功！这是一项非常独特的个人成就。我一直都试着让自己意识到语言如何伤害别人，以及语言如何使我们自己感觉糟糕。当你注意到那些没说出口的话而开始转变，你的态度就变得更加积极、有爱了，这种感觉非常棒。

我一直让我的学生接受这项挑战。现在我已经让超过两千名学生参与进来，开始自己的不抱怨旅程，其中很多人还叫上自己的朋友与爱人一起参与进来。

尽管很多人没有完成二十一天不抱怨的目标，但参与其中的过程本身其实就是让他们学到最多东西、做出最大转变的。这个活动的意义并不在于你要变得多么完美，或者永远不抱怨；而是在于你意识到自己在说什么，想想自己想要怎么表达，并且学会评价自己的思想动机。如果你的动机是寻求解决方案，那么这个过程就能帮助你训练自己，教给你如何据此转变自己的思想、语言和行动。

> **“如果你的动机是寻求解决方案，那么这个过程就能帮助你训练自己，教给你如何据此转变自己的思想、语言和行动。”**
>
> **——吉尔·温特**

我不仅让学生加入进来，同时也与学校里其他老师进行交流，探讨如何在他们的课程中融入不抱怨的理念。在讨论过程中，我分享了自己在课上以及课下感受到的成效——这一过程使我与学生更好地交流，真正地做到了与他们的心灵沟通。

有时候，在杂货店或电影院，我还是会看到我以前的学生仍然戴着紫手环。这令我非常高兴。他们经常与我分享自己进展到哪一步，以及自己改掉了哪些积习。他们告诉我，不抱怨行动如何治愈了他们的关系，增进了身体健康；并且告诉我，他们不再把自己当成受害者，而是更聚焦于寻找问题的解决方法，因此现在能以不同的方式看待世界了。我亲眼看到了这一运动如何转变课堂体验、转变个人生活、建立和谐群体。我现在还继续鼓励学生参加不抱怨行动，把握这一让生活更美好、社会更美好的机会。

~ 赫布·皮尔森 ~

（牧师）

威尔·鲍温的《不抱怨的世界》一书激励我许下承诺，戴上手环，提高自己生活的质量。一开始，我谁都没告诉，自己尝试了这个方法。

不抱怨的前几天，我感觉很轻松，后来，我真正意识到并且发现了抱怨有多微妙并且明显。

一般说来，要抑制那些明显的抱怨还是很简单的。但是，随着练习的不断深入，一些更加微妙、不明显的抱怨常常令我失手。有两个星期的时间，我不断发现自己的抱怨，频繁地移动手环。

就在那时，我告诉了我的妻子不抱怨的行动，她也加入了进来。令我感到尴尬的是，不到一个月的时间里，她就超过了我，在转变思想、改善生活的道路上进展非常顺利。尽管我们还是要常常移动手环，但我们能够感觉到自己的成长、心态的开放，以及生活的改善。我们有了更多的欢笑，更愿意彼此分享，并且把每一个困难都当作前进的垫脚石。在这个过程中，我们都多次经历了这种悲惨的情况：在距离完成二十一天不抱怨的目标只有一周时，发现自己做了无意义的抱怨，并回到最初的一天。

在自己的生活与婚姻中实践了不抱怨行动后，我还请教堂会众一起加入不抱怨行动。我一宣布这一活动，他们就非常积极踊跃，马上开始了不抱怨的挑战。他们许下不抱怨的承诺，紫色的手环出现在教堂的各个角落。即使从很远的地方我也经常能看到，教堂中一个人指责另一个人抱怨，然后他们两个人恼怒万分地移动自己的手环。

我还记得，不止一次，在我向教众讲话时他们对我说或者示意我："你刚才说错话了，该移动你的手环。"

每次我都会感到有点尴尬，但是想到这几周里，他们都在忙着改善自己的生活质量，我又感到非常欣慰。许多人改掉了多年的积习，采取更加积极有效的方式处理生活中的挑战。

“这几周里，他们都在忙着改善自己的生活质量。”

——赫布·皮尔森

我们非常享受这个过程，所以都很积极地与大家详细分享自己的不抱怨经历。我们还把不抱怨的理念介绍给我们镇的商会以及其他大型组织机构。我们制作海报，在县郡展开相关推广活动，推动人们更加积极、良好地沟通互动。听众们听到“不抱怨的世界”这个标题后，往往会会心一笑。我们送出了许多手环，收到了许多积极的评价。

我们没有任何预算，也没有员工专门负责此事，但是三周之内，九百个人加入了进来。我们整个郡只有差不多六万居民，所以，九百个人的参与就意味着我们郡1.5%的人参与了不抱怨的行动。

现在，几年过去了，我还是会收到人们的邮件以及电话，他们热切要求加入不抱怨的运动。

~ 特蕾泽·洛夫罗斯 ~

（教师）

我住在瑞典，教六岁的小孩子们读书。差不多两年半前，我读了《不抱怨的世界》一书。作为一名教师，我觉得想要纠正学生犯的错误并在这个过程中不抱怨，非常困难。

现在，我已经找到了与他们交流的方法，知道如何帮助他们认识到自己学了什么、做了什么。我会与他们交流，让他们知道自己的行为带来的后果，并让他们自己思考这种结果是不是他们想要的。如果不是，我们就一起想办法，看看应该怎样才能达到他们预期的目标。

并且，在学会了不用抱怨就能纠正学生的错误后，我还知道了该如何与他们的家长沟通，并且懂得了该如何与自己的同事、朋友沟通。这使我的人际关系更加顺畅，我感觉自己也变得更加积极、快乐了。

我也意识到，我不可能只在生活中的一个领域停止抱怨，我应该在生活的方方面面践行不抱怨，这让我看到了所有事情的新的可能性。

~ 安妮塔 · 威克森 ~

（作家）

说实话，当我努力了七个月都没有完成二十一天不抱怨目标时，我感到非常沮丧、伤心。我只成功做到连续六天或七天不移动手环。使我一直不停地移动手环的最大障碍，就是威尔在刚开始谈到这个练习时说到的一个规定——“不讽刺”。

痛苦啊！

要找到一种不用通过讽刺而表现得聪明、幽默的方式，我花了一番努力。我的职业决定了我得经常驾驶汽车。尽管我认为自己车开得不错，但我还是发现藏在这一想法背后的其实是：我认为所有其他人车开得都很糟糕。即使是开车去趟商店，我也得移动手环。

一个冬日，我决定休息一下。我休假几个月，允许自己暂时不再去注意自己是否抱怨。闲暇中，我发现自己其实已经改变了很多。我不再愿意被牵扯进讲闲话或者抱怨的聊天中。我注意从自己口中说出的话，在说话之前停下来确保自己所言并非讽刺，而是尽可能多地传达正面的能量。

同时，我也很清楚地意识到，我与某些人的关系是建立在抱怨的基础上：我们向彼此抱怨，抱怨彼此、抱怨别人、抱怨天气。我开始疏远这些人，努力吸引更多积极向上的人进入我的生活。具有讽刺意味的是，我的车技提高了。

我比以往更加坚定，在一个春日的早上重新戴上手环，决心做到连续二十一天不抱怨。很快，我一口气来到了第十八天。但是，旧习难改：在一次去赴约（我是去教堂赴约！）的路上，一位年长的女士开车蹿到了我的前面。我几乎都还没意识到发生了什么，就猛踩刹车、大声咒骂、狂按喇叭。但当我意识到自己做了什么时，我哈哈大笑。我真想跟着那位女士，感谢她提醒我：要做到不抱怨，我还有很长一段路要走。

从第一次戴上紫手环到最终完成二十一天不抱怨旅程，我花了将近一年的时间（差十五天不到一年）。尽管现在我不戴手环了，我还是会在手边放点东西，提醒自己记住转变思想的经历。当我发现自己脱离了正轨，我就会想想自己是如何把手环从一只手臂移到另一只手臂的，然后告诉自己回到积极向上的正道。

“我现在养成了追求积极、说话积极、生活积极的习惯。”

——安妮塔·威克森

~ 芭芭拉·韦曼 ~

（公关）

我抱怨得并不厉害，但是我渐渐注意到自己身边的抱怨越来越多，感觉到自己过于焦躁不安。意识到这些后没多久，我就接触到了《不抱怨的世界》一书，并且在一个活动上得到了手环。我早已做好准备迎接挑战，于是立马开始了不抱怨之旅。

这是一场非常棒的旅行。

我并不想移动手环，于是在说话前仔细审度自己的语言。现在，我不再说消极话；而是反过来，说说我希望达到的成功，或者是做出中立客观、不夹杂批评或其他负面能量的陈述。有那么多话我都觉得没必要大声说出来。

> “我变得更加平和——我信任周围的人，一旦遇到烦心事，就在其真正能够困扰我之前抽身而退。”
>
> ——芭芭拉·韦曼

威尔，我想要谢谢你，感谢你开创了这个简单但有效的项目，帮助这么多人拥有了更加积极、富有成效的生活。我把自己周围的区域当作“不抱怨的区域”，每天都精心呵护它。

开始这段旅程后，我感觉自己更加愉快、轻松、开放、有爱了。

~马提·波因特~

（电脑技术人员）

自从我展开二十一天不抱怨的挑战以来，我觉得它对我帮助最大的就是：我更能接受和我价值观相左的人以及我无法掌控的事件了。我比较容易把事情想开一点了。而最美好的收获就是：我结交了好些志同道合的新友伴。如果不去接受这二十一天的不抱怨挑战，我可能永远都不会和他们相识。

> “我发现自己渐渐疏远了一些喜欢批评与挑错的朋友，并且会去接近一些会往好处想的乐观朋友。”
>
> ——马提·波因特

做到二十一天不抱怨之后，我发现了自己内心的良善，这是我从来不敢相信的。虽然没有人能一直表现完美（我承认自己偶尔也会故态复萌），但在这二十一天的挑战中，我已经学会了不要太在意人与环境的缺陷，所以也更容易发现自己内心的光明面了。

当我写到这里时，我九十三岁的母亲正躺在家里的床上，等着追随她已逝的父母与许多她深爱的人，步入生命的终点。她的体重大约只剩下三十六公斤，而且一个多星期都没有进食了。一位安养院护士说，她觉得很奇怪，为什么我的母亲身体如此衰竭却能继续活下去。母亲是如此虚弱而无助，这样的情况一直让我感到非常痛苦，而我也一直拼命压抑着自己对上帝的抱怨。直到开始实践这项运动，我才从中学到了许多功课，其中一项就是要寻求帮助，因此我向上帝祈求帮助。

昨天，我恍然大悟，意识到：上帝赐给我母亲一副强健的身体，这个身体为她服务了九十三年，带她走过许多地方，生养三个孩子，演奏乐器，打毛衣，表达与书写自己的想法，做各式各样想做的事情。直到现在，她的身体即使已渐渐衰老，也仍然忠心地为她的灵魂提供居所。如今，我已能为此而赞美主，并以感恩的心接受他对我母亲临终岁月的安排。

我去拜访安养院牧师的时候，亲身体验到了不抱怨运动将如何改变这个世界。当我向牧师说明自己正在挑战不抱怨时，她的双眼开始闪现光彩，我都还没把话说完，她就要索取五十只手环，送给安养院的同人。她说，尽管安养院的同人对临终者都有服务的热忱，但他们毕竟还是不折不扣的平凡人。她认为，他们如果能更专注于付出正面的心力，就更能把握机会，提供更好的服务。

六个月前，我完全没想到，这项二十一天不抱怨的挑战将如何改变我的人生。但它真的改变了我，也影响了我周遭的人。

~ 盖瑞 · 希尔 ~

（行政主厨）

在我担任职业厨师的生涯中，我觉得自己必须一丝不苟——严格地要求自己与部属，坚持烹调出高品质、有创意的菜肴，为口味各异的顾客们提供最优质的服务。

三十多年来，我一直都在专业厨房工作，而我的管理模式，已经从严谨而层级分明的传统欧洲做法，改变为人性化而富效率的“教练”风格。

不抱怨的行动完全出乎我的意料。具体一点来说，从二十一天不抱怨的挑战中“毕业”之后，我更懂得如何与部属沟通了。现在我会更留意自己的措辞，同时认为自己所扮演的角色，更应该是一个厨艺高超的老师，而不是老板或经理。运用更愉快而不带压力的话语来沟通，让我与周遭的人们都节省了很多心力。

我相信，不抱怨运动是按照吸引力法则来运行的。

> “当我的思想与言语更趋于感恩，积极去寻求解决方案，就能吸引更多类似的事物。”
>
> ——盖瑞·希尔

如今，我仍然戴着手环提醒自己，并练习用这唯一的方法来面对每天的工作负荷——以最正面的方式极度感恩。如果我忍不住要批评时，就会暂停一下，努力用更富教育性或指导性的方式来表达自己的意思，而人们也觉得我比较认可他们，也更能把我的话听进去。我看待事物的观点因此而改变，也脱离了压力与忧虑的羁绊，感受到真正的自由——这是挑战过程中会产生的副产品之一。我觉得自己很有福气，也非常感恩。

~ 马蒂·李 ~

（瑜伽老师）

我出生在古巴，成长于纽约布鲁克林。我家里的大部分人都很有幽默感，但是，他们的大部分幽默都是建立在嘲笑别人、讽刺某件做错的事情上。

练习瑜伽使我在思想与语言上都更加温和，我感觉到了自身能量的转移。我对瑜伽的热爱使内心更加开放，并学会深入探究自己的精神。我在自己的瑜伽练习中融入了吟咒、冥想的成分。

我对不抱怨的练习非常感兴趣，它与我的生活方式非常吻合。不抱怨的理念指出，你自己谈论、思考什么，你就会吸引什么。我积极踊跃地加入不抱怨的队伍中来，戴上紫色手环，开始不抱怨的旅程。我是一个很向上的人，因此，认为二十一天不抱怨对我来说是小菜一碟。

后来我才意识到，我会抱怨自己的母亲以及女性朋友的方方面面。我向所有的学生、家人、朋友宣布，我正在练习二十一天不抱怨。

令人感到吃惊的是，我的宣言竟让我的儿子非常沮丧——他说我会变成一个“累赘”，他怕我以后就不再幽默了。

完成二十一天不抱怨练习，我用了整整三个月。我甚至严肃地考虑过要发誓不说话——我很难控制自己的讽刺。

我在这一过程中学到了很多，我愿意与所有乐于倾听的人分享我的感受：这是一项现代的练习，但它与古代的精神训练一样有效。

“当你不再抱怨，你会有更高的觉悟，变得更加感恩。”

——马蒂·李

我立马看到自己的生活在方方面面得到了改善。对我来说，这是一段旅程的开始，是一种我能够在所有的对话中应用的技巧。说话前，问问自己：“对话中的抱怨会像种子一样耗尽正面词句所需的养分，我要把这些抱怨全都铲除吗？”

在所有的人际交往中，我都希望获得自身的成长以及与别人的连通，因此我必须铲除抱怨。

我成功了！我花了三个月的时间，但是我终于做到了连续二十一天不抱怨。

而且，我还是很幽默——至少我的孩子是这么觉得的。

~ 汤姆·欧益 ~

（“不抱怨的世界”业务顾问与志愿总裁）

我是电视剧《我爱露西》（I Love Lucy）的粉丝。我最喜欢的一段情节，就是看瑞奇·李卡多（Ricky Ricardo）每天走进门时，大喊：“嘿，露西，我回来了。”我结婚头几年时，也会如法炮制：“嘿，米思嘉，我回来了。”但曾几何时，我更常对妻子说的话，竟然已经变成：“嘿，米思嘉，我回来了，而且我的头（或背、脚、胃）痛得要命。”

抱怨已经成为我的一种生活方式，我希望借此得到他人的注意，让自己的观点被接受，或者就只是用来打开话匣子。我总以为自己是个积极、快乐的人，直到2006年7月的一个星期天，我从教会返家，告诉太太关于二十一天不抱怨的事。

我非常兴奋，还跟她说，我将是教会中第一个完成挑战的人。她只是微笑着说：“二十一天吗？我倒想先看看你做到二十一分钟不抱怨呢。”

接下来，大约六分钟之后，我才发现这真是毕生一大挑战。当时我和太太坐在沙发上，我突然说：“哇，外面真是热，害得我头好痛。”她看着我，然后又看看我手上的手环。（我换了两次，因为我在一句话里抱怨了两次！）

事实上，刚才那六分钟的沉默简直要让我抓狂，我必须打开话匣子，说点话来解闷。我想要得到注意，而且以为这是最好的方法。

这就是我的第一次挑战——学习如何不带抱怨地展开对话。一旦我不抱怨这个了，我又会抱怨别的。抱怨孩子的房间一团乱——请问，这样能使青少年的房间更快变干净吗？抱怨天气——我能拿它怎么办？还有许许多多类似的例子。而我也了解到，这些思想和言语对自己与他人有多少负面影响。

在花了五个月努力练习二十一天不抱怨之后，我终于做到了！我头痛的次数减少了吗？没错！因为我明白了自己的头痛原本就没有那么严重。现在我认为自己的身体健康硬朗，而且一直在疗愈之中。

那我快乐吗？当然！当我不再抱怨孩子的房间脏乱，而是去分享他们的希望与梦想之后，我们全家的晚餐时光也变得更美好了。不屈不挠地完成了二十一天不抱怨的挑战，你说我高不高兴呢？除了美满的婚姻和我深爱的三个孩子之外，这是我生命中发生过的最美好的事情。

结尾

己立立人，己达达人

真诚的分享

我和成千上万的人一样，已经开始转移自己关注的焦点。在等待手环到来的时候，我就开始先把橡皮筋戴在手上，这让我意识到我自己在做什么。我已经戴了大约一个星期，现在我几乎不抱怨了。更值得一提的是，我觉得自己变得快乐多了！更别提我身边的人（例如我先生）会有多快乐了！很长一段时间以来，我都想要改变抱怨的习惯，而这个手环就是驱使我改变行为的动力。

许多人都在谈论这只手环及其背负的使命，这项使命已形成庞大的连锁反应。至少许多人都开始觉察到自己有多么经常抱怨了，并且没准儿他们还决定开始改变自己的行为。越多的人听说这个想法，这项运动就越可能产生长远、广泛的效果。完成这项使命要比实际拿到手环重要多了！想到这点就觉得很兴奋！

——珍妮 · 雷里

马里兰州洛克维尔市

"有多少人因为看了一本书而开始人生中的新阶段。"

——亨利 · 戴维 · 梭罗（Henry David Thoreau）

你已经进入了人生中的新阶段。

你从本书中学到的理念启迪了你的意识，并且为你揭示了那些也许你本人尚未觉察到的新的可能性。你很有可能现在还搞不清楚，停止抱怨后，你的生活会如何在方方面面得到提升。

如果你一直都只关注生命中阴霾的云朵，那么很快你就会看到藏在云朵后的骄阳。如果你一直壮志未酬、郁郁寡欢，那么很快你就会找到内心的平静与喜乐。如果你一直都只能看到问题，那么很快你就会发现生命中新的可能性。如果你的人际关系一直不和谐，那么很快你就会体验到美好和谐的关系。

你播下了一粒种子。现在也许它只是一颗小小的橡果，但它终将成长为高大伟岸的橡树。

你的生活正在发生转变。

请允许我再说一次，只要你坚持下去，你就一定能够获得成功，不再抱怨。人是习惯的产物。要用新的习惯替代旧习惯，这得花上一段时间。习惯的养成需要一点一滴行为的积累，就像是巨大的油漆球需要一层层薄薄的油漆的覆盖。

小时候，母亲曾给我讲过一个面包师傅、贪心店老板和神秘陌生人的故事，这是我最爱听的故事之一。在这个故事里，陌生人来到小镇寻找食物以及落脚过夜的地方。当他问起贪心的店老板与老板娘是否愿意收留他这个旅人时，老板与老板娘回绝了。

然后，陌生人走进了面包店。店里的面包师傅身无分文，连制作面包的材料都少得可怜。然而，他慷慨地邀请陌生人进来，与他分享自己仅有的餐食，还让他当晚睡自己的床。第二天早晨，陌生人向面包师傅道谢，并对他说："今天早上你做的第一件事，你会一整天都做个不停。"

面包师傅不太明白陌生人的意思。不过，他决定为这位客人烤个蛋糕，让他带在身上。他检查了一下所剩的材料，有两枚鸡蛋、一杯面粉、一些糖与香料。他开始烤蛋糕。令他惊讶的是，他用掉的材料越多，剩下的材料就越多——他用掉最后两枚鸡蛋，却又多出了四枚鸡蛋；他翻转面粉袋，把剩下的面粉摇出来，倒满量杯，当他把面粉袋放回地上时，袋子里竟又装满了面粉。

遇到这天大的好运，他高兴得不得了，于是开始烘烤各式各样的美味面包。很快，镇上充满了烤面包、饼干、蛋糕与派的香味，购买面包的客人大排长龙。

当天下午，贪心的店老板来到面包店，看到面包师傅疲倦却开心，赚了许多许多钱。店老板问：“你今天怎么会有这么多顾客？好像镇上的每个人今天都买了你的面包，还有人买了不止一次。” 面包师傅便将陌生人的事以及陌生人在早上离开前送给他的神秘祝福告诉了店老板。

贪心的店老板与老板娘冲出了面包店，往镇外跑去。他们跑着跑着，终于找到他们昨晚曾经拒绝帮助的那个陌生人。他们说：“可敬的先生，请原谅我们昨晚的鲁莽与粗暴。我们没有帮助你，一定是昏了头。请你回到我们家住一晚，让我们有这个荣幸能热诚地接待你。”陌生人一语不发，跟着他们回到了镇上。

他们回到店老板的家之后，陌生人享用了奢侈的餐食、上等的美酒与精致的甜点，睡在豪华的床上。次日早晨，陌生人即将离去时，店老板和老板娘雀跃地等待着他的神秘祝福。当然，陌生人对他们的接待表示感谢，然后说：“今天早上你做的第一件事，你会一整天都做个不停。”

店老板与老板娘获得祝福后，急忙把陌生人送出门，然后冲进自己的店里。因为相信会有大批顾客上门，老板拿起扫帚开始扫地，以应对突发的排队人潮；为了确定有足够的零钱可以找钱，老板娘则开始在柜台算钱。

就这样，老板扫地，老板娘算钱；老板继续扫地，老板娘继续算钱。他们发觉自己根本停不下来，一直到太阳下山。即使真的有人进入商店买东西，他们也还是不得不继续扫地和数钱，根本无法停下手中的活计去招呼客人。

面包师傅和店老板得到了相同的祝福。面包师傅以正面、慷慨的心态开始一天的生活，也获得了相当丰厚的回报。店老板以负面、自私的想法开始一天的生活，结果毫无所获。

祝福是中性的。你创造生活的能力也是中性的，你怎么利用自己的能力，就会获得与之相对应的成果。这个故事告诉我们，当我们出于无私慷慨的关怀帮助别人，我们也能获得丰厚的回报。

此外，这个故事还告诉我们：你想让自己的一天以何种方式度过，就要以何种方式开始自己的一天。如果你现在还没有做到一整天不抱怨，那就看看早上起床后你能坚持多久不抱怨。如果每一天你都能够坚持得久一点、再久一点，坚持不说第一句抱怨，你会发现自己在挑战二十一天不抱怨的旅途中进步得更快，并且感到更加轻松。

在电脑编程中有个缩略语叫“GIGO”——Garbage In—Garbage Out，意思是“垃圾进，垃圾出”。如果电脑运转出现问题，那一般来说是因为写入电脑的东西有问题：把“垃圾”代码、指令丢进去，那么出来的也还是“垃圾”。电脑是中性的概念——电脑不具人格，只对下达的指令有所回应。

我们的生命与电脑一样，也是中性的。然而，我们不是“垃圾进，垃圾出”，而是“垃圾出，垃圾进”。你的语言发出振动能量，为你招致更多你刚才所说的东西。当你抱怨时，你其实是在送出垃圾，这也就难怪你会收回更多这样的垃圾。口中说出垃圾，垃圾回到你的生命中！

> GOGI：Garbage Out of your mouth，Garbage In to your life!
>
> GOGI：口中说出垃圾，垃圾回到你的生命中！

所言决定所行。如果你谈论消极、不快的经历，你就会收回更多可供你谈论的消极、不快的经历；谈论你欣赏、感恩的事物，你就会为自己吸引到更多积极的事物。你有一套习惯性的说话模式，这显示了你的思想，并且创造了你生命中的现实。不论你有没有觉察到，每天你都为自己设定了路线，并且会坚持走在自己设定的这条路线上。

若想改变世界，我们必须首先疗愈自己不安的灵魂。改变语言能够帮助我们彻底改变思想，并且能够转而改变世界。若我们不再抱怨，我们的消极想法就没有了出口，我们的思想也会随之转变，我们就会变得更加快乐。消极想法得不到表达，我们的思维就不会再制造消极思维。当你不再口吐抱怨等表达消极思想的言论时，你会发现一些新的、更快乐的想法，它们之前被你思想中的消极雾霾遮蔽了。

> “要想打造不同的未来，我首先得成为不同的人。”
>
> ——约翰·P. 汉利（John P. Hanley）

当你达成连续二十一天不抱怨的目标时，你便戒除了抱怨的瘾头，成为康复重生之人。成功戒酒的人说，无论他们已经成功戒酒、保持清醒多长时间，只要和酗酒的人泡上一段时间，就又会开始喝酒了。如果你身边的人都喜欢抱怨，那么你得扪心自问，这些人是不是被你招引来的。当你已经成为不抱怨的人，而他们还是继续抱怨，你得让自己摆脱这些人。如果他们是你工作上的同事，就换个部门或换工作吧；如果他们是你的朋友，你会意识到自己已经不再是从前的自己，你可能需要重新审视你们的关系了；即便他们是你的家人，也尽量不要长时间与他们相处。

不要让消极的人们剥夺了你对理想生活的追寻。培养一个习惯要花二十一天，但你也可能花二十一天就重拾旧有的习惯。所以要注意你周遭的人们，因为你可能会受到他们的影响，被引入歧途。好好照顾自己，同时要提防恶毒、爱抱怨的人。如果你不照顾好自己，就可能再度沉陷于负面思想的泥沼中。

要爱别人。我认为爱的最佳定义，是丹尼斯·威特利博士（Dr. Denis Waitley）所说的："爱是无条件的接纳，并着眼于光明面。"当我们决定接纳各种人、事、物，并从中发现其光明面时，我们体验到的良善与美好会越来越多，值得抱怨的会越来越少。爱别人并不意味着我们需要设法让其他人停止抱怨；相反，我们应该先做好自己、"扫一屋"，这才是"扫天下"的最好方法。

要变成不抱怨的人，重要的不是你的言语，而是你的言语背后蕴藏的力量。有好事发生时，不论多么微不足道，你都要说："当然会这样！"因为你知道，自己是可以吸引好事靠近的磁石；你甚至可能带着会心的微笑来成就这个经历。

你曾经在雨天的商店门口恰好找到一个停车位吗？请说："我的运气真好！"

你曾经忘记向停车计时器投币，结果回来之后发现自己的车窗上竟没有夹着罚单吗？请确信："我总会碰上这样的好事。"

"对自己的残疾耿耿于怀无异于浪费时间。我们总得继续生活下去，而我做得还不错。如果你总是生气、抱怨，别人才没空搭理你呢。"

——斯蒂芬·霍金（Stephen Hawking）

你也许会觉得这样说话有点傻，但是当你在生活中使用肯定、有力、积极的话语时，你就像是在为更美好的生活铺上一层层砖瓦，奠定坚实的基础。

正因为有了你，以及全世界几百万正移动着手环、奋战在不抱怨道路上的人，我有理由希望：整个世界的消极态度都会得到扭转。

有一天，我和一个人分享这一希望，他却对我说："我觉得这只是一个空指望。"

空指望？让我讲一个关于"空指望"的故事吧。

故事始于2001年7月11日夜一点十分。我当时睡得正香，花了好几分钟才意识到床头的电话在响。我摸索着抓起电话听筒，把它凑近耳边，虚弱地说："喂？"

"威尔吗？我是大卫。"我的弟弟说道，"妈妈得了心脏病，情况很糟。你最好赶快过来。"

我赶忙下床，收拾好行李，一路开车狂奔四十英里来到堪萨斯市机场。我试着在飞机上打个盹儿，但是我太担心了，所以根本睡不着。我的飞机抵达南卡罗来纳州哥伦比亚市后，大卫从机场接我去医院。

到达医院前，我们在当地一家饭馆简单地吃了一顿饭，趁那段时间，大卫告诉了我母亲生病的一些细节："昨晚差不多八点半时，她开始感到胸部和背部难受。她吃了点非处方止痛药，但是并没有奏效。他们把她送到了医院，医生们意识到她是严重心脏病发作时，又用直升机把她送到了哥伦比亚市这边的心脏病专科医院。她现在醒了，但是正承受着巨大痛苦。"

十五分钟后，我和大卫来到心脏重症监护室，找到母亲的病房，她正在我们的哥哥恰克的帮助下坐在那里。她反应仍很机敏，但是呼吸缓慢沉重。医护人员只让我们在一起待了几分钟时间，然后就让我们离开，让母亲休息了。

我们的母亲陷入深沉的睡眠，迟迟没有醒来。超声波心电图显示，她的心脏病非常严重。"就好比是她的心脏的一大部分都爆裂了一样。"

此后几晚，我都住在医院的候诊室里，期待母亲能够醒来、恢复意识。每天晚上，我都会到她的病房查看几次，但是她一直昏迷不醒：她靠呼吸机来维持呼吸。

即使你从没接受过医疗训练，只要你曾经花时间陪护过病人、长时间通过显示器观察他们的生命体征，当某些指标有所改善时，你也一定能够觉察出来。一天早上，我注意到母亲的血氧量提高了，于是兴奋地将这一好消息告诉她的护士。

"你最好不要有什么空指望。"护士同情地冲我笑笑说。

那天下午，我离开医院去冲澡换衣服。回到医院时，我碰到一位大学时候的学长，他现在是这家医院的资深心脏病医生，我让他看看母亲的心电图，实话告诉我他对此的诊断。

过了一个小时，我拿着咖啡回来，发现我的朋友正坐在候诊室里，满面愁容。

他说："情况并不乐观。你母亲的心脏受损严重。我知道你可能不愿听这话，但现在看起来完全是在靠机器维持她的生命。"

我跌坐在椅子上，他关心地拍拍我的肩膀。我一边流泪一边结结巴巴地说："那就不能再做点什么了吗？她的生命体征呢？其中一些看上去有所提高。这不好吗？难道这不意味着她有可能康复吗？"

他用手捏捏我的肩膀，深吸一口气说："没错，威尔，她的一些生命体征是有所提高，但是提高很少；而且这并不能改变她患有严重心脏病的现实，这么一点小小的提高是不够的。"

我的朋友停了一会儿，继续说道："此前，你问我在我看来她康复的概率有多大，实话告诉你，我觉得只有百分之十五的希望。"

"好吧。"我说，"至少还有百分之十五的希望，总比没有好，不是吗？"

他的目光由同情变为严厉："威尔，抱有空指望只能让你在她无法康复时更为痛苦。我知道你不想这样，但是你得接受这个现实。"

我试着想要感谢他，但实在找不到合适的词句。我们匆匆拥抱了一下，他就回去工作了，我则安静地坐在那里，为母亲的病情感到难过。

当晚，我睡在候诊室的地板上，想着曾经与母亲共度的美好时光。我想到，她也许无法亲眼看到自己的孙辈长大。我想到了所有还没来得及说的话。我的灵魂就像是一块黑板，而母亲突发的心脏病就像抓挠着黑板的手指甲，挠得我心里直难受。

我睡不着觉，于是光脚穿着短袜溜进了母亲的病房，看看她的情况。呼吸机发出的"嘶——呼"声，使整个病房充满了工业感。我坐在母亲的病床边，握着她的手。我看着显示器，发现很多，不是一些，而是大部分生命指标都较今天早上的时候有所提高。护士为母亲换药时，我告诉了她这些体征的变化。

护士看了看监视器，然后说："她的情况有所好转。"然后，又加了一句，"但是别抱有空指望。"

我突然感到怒气冲天，我松开母亲的手，一路跑回候诊室，打开灯，从日记本上撕下一页纸来，找了支笔在纸上写下大大的字。我一次次描画这些字母，想要把字描得越粗越好。然后，我返回母亲的病房，用医用胶带将纸粘在显示器的下方。纸上写着：

"世界上根本就没有什么是空指望！"

"希望"一词的意思是"相信某事能够实现的愿望"。只要你心中相信自己的愿望能够达成，那么它就一定不会是"空指望"。

"空指望"一词本身就是矛盾的。

我的母亲后来确实去世了，但那是在十年后。她挺健康地继续活了十年。在她心脏受损区域周围长出了新的血管，向她的心脏输送血液。我与我的家人怀有一个愿望，希望她能康复，并且我们相信她也正在康复，没有什么比这更为有力了。

加入我们，与我一起向往整个人类会继续由恐惧、消极转变为自信、积极吧！你变成了不抱怨的人，这就是我们实现这一愿望的最重要的一步。因为一个人改变后，他还会影响到周围其他的人。

拉里·麦克默特里（Larry McMurtry）的小说《孤独鸽》（*Lonesome Dove*）中，有个主角名叫葛斯·麦克瑞，是个假装自己学问高深的牛仔。他在自己租车行的招牌底下，刻了一句拉丁文格言："UVA UVAM VIVENDO VARIA FIT."

麦克默特里没有解释这句格言的意思，而且还把词拼错了——我想这是要故意显示这位牛仔的拉丁文有多差。正确的拼法应该是"UVA

UVAM VIDENDO VARIA FIT"。而这句话的意思是：一棵葡萄树看见另一棵葡萄树变色，就会跟着变色。换句话说，一棵葡萄树会让另一棵葡萄树也跟着成熟。

在葡萄园里，当一棵葡萄树开始成熟，便会散发出一种其他葡萄树也能接收到的振动频率、酵素、香气或能量场。这一棵葡萄树在向其他葡萄树示意：该是改变、成熟的时候了。当你在言语及思想上都颂扬着自己和他人最崇高、最美好的一面时，你只要表露原本的自我，就能向周遭所有人示意：该是改变的时候了。你甚至连试也不必试，就会唤起人们的意识。他们会受到你的曳引。

曳引是一种强而有力的规律。我想这也是人类喜欢彼此拥抱的原因。当我们拥抱时，即使只是短暂的刹那，我们的心也会互相曳引。我们会提醒自己：地球上只有一个生命，一个我们共享的生命。

如果我们不刻意去选择自己要过什么样的人生，就会跟着别人混沌度日。我们不仅没有成为人群中的引路者，反倒成了被人群裹挟前进的随波逐流者。我们常跟着其他人亦步亦趋，却浑然没有发现自己在照葫芦画瓢。

我父亲年轻时经营我祖父的一家汽车旅馆，那家旅馆的对面是一家二手车行，而我爸爸设法和车行老板达成了一项协议。汽车旅馆晚上的生意若很冷清，我父亲就会去车行，把十几辆车移到旅馆的停车场。不用多久，汽车旅馆就会住满旅客。经过汽车旅馆的人会认为，如果停车场空荡荡的，这家旅馆一定不太好。要是停车场停满了车，经过的人就会觉得这是适合住宿的好地方。我们都会跟着别人走。而现在，你已经成为一个在领导世界走向和平、体谅和富足的引导者了。

昨天大约凌晨三点，我被我们牧场上嗥叫的土狼叫醒。刚开始的嗥叫声来自一只小狼，然后才扩散至整群土狼。很快我们的两只狗加入了嗥叫的行列。不久，我们邻居的狗也开始嗥叫。最后，嗥叫声从四面八方涌来，传遍山谷，附近的狗都加入了。那些土狼制造了正在扩散的涟漪。没一会儿，我又听见嗥叫声从几英里外的各处传来，而这一切皆始于一只小土狼。

“一犬吠影，百犬吠声。”

——中国谚语

你是个什么样的人，这将在你的世界里产生影响力。以往，你的影响力可能都是负面的，因为你喜欢抱怨。如今，你在为所有人树立乐观的典范，打造更美好的世界。你是人性大洋中的一道涟漪，在世界各地引发着回响。

你自己就是一种祝福。

附录A

不抱怨的周三

抱怨的对立面是感恩。感恩就是对你拥有之物表示感谢，而抱怨就是对你未拥有之物表示不满。在你真正懂得感恩之前，你首先得做到不抱怨。

正如美国禁烟运动成功推动、鼓励全体烟民一天不吸烟，以此提高了公众对吸烟危害的认识，激励了许多烟民戒烟一样，把感恩节前一天定为“不抱怨的周三”，能帮助人们注意到自己平日是多么经常抱怨，以此鼓励他们迈出不抱怨的第一步。

你可以带头推进，在你的城市或乡镇设立“不抱怨的周三”。实际上，这个过程很简单，许多人已经在他们居住的地方取得了成功，他们帮助该地区其他人增进了对抱怨的弊端的认识。

第一步：与市长办公室或市议会联系。告诉他们，你是一个当地居民，也是“不抱怨的世界”活动的一分子，“不抱怨的世界”是一个全球性的活动，来自世界各地超过一百多个国家的一千多万人参与其中。告诉他们，《奥普拉脱口秀》《今日秀》以及世界各地的节目都曾对该活动进行过采访报道。告诉他们，你希望把感恩节的前一天定为“不抱怨的周三”。

第二步：提出要给他们寄送“不抱怨的周三”宣言（请见本书附录B）。问他们，你什么时候可以打电话或者发邮件给他们，确认他们是否收到材料。然后，问他们，议会何时会就该宣言进行投票，并告诉他们届时你会邀请媒体记者共同出席。如若不是在秘密会议中讨论投票，一般来说市议会的会议都是向公众开放的。

第三步：把新闻稿（同样见附录B）寄给当地报纸、电台、电视台。给这些媒体打电话，问：“我该往哪个电子邮箱发送新闻稿？”把新闻稿发过去，并打电话确认对方收到了。市议会会议开始前，打电话或发邮件提醒媒体。

在我第一次尝试着做这个之前，我非常紧张，但是，后来我发现市议会以及市长办公室整天做类似的事情。他们一般来说都会很愿意帮忙，而且他们往往非常喜欢这个想法——因为他们一直在处理各种各样的抱怨！

如果你需要我的帮助，请给我发邮件（我的邮箱是：Will@AComplaintFreeWorld.org）。我非常愿意接受你的咨询，或者向你提供任何方式的帮助。

感谢你帮助我们将不抱怨的理念传递给别人，帮助我们打造不抱怨的世界。

附录B

宣言与新闻稿样本

宣 言 样 本

共同决议案

支持“不抱怨的周三”的目标以及理想。

鉴于：抱怨使人将注意力投注到现存的问题上，制约了他们追求积极、和谐的解决方案的天赋能力；

鉴于：心理学家研究表明，抱怨对人的身心健康、人际关系都不利，并会制约他们在事业上的发展；

鉴于：“不抱怨的世界”是一个非营利性组织，鼓励人们停止抱怨，将注意力投注到更加积极的、有建设性的、美好的生活上；

鉴于：“不抱怨的世界”已经给世界各地超过一百零六个国家的参与者寄出了紫色手环，参与者们在手环的监控下努力做到连续二十一天不抱怨，以此转变自己的消极态度；

鉴于：“不抱怨的世界”旨在通过鼓励世界人口的百分之一

（也就是六千万人）不再抱怨，转变全世界人的消极态度，让所有人都有积极的态度；

鉴于：美国成千上万所学校开设了不抱怨项目，千百万不同年龄的学生从中受益，拥有了更加积极的态度；

兹决议如下：市长以及市议会宣布，将感恩节前一天定为“不抱怨的周三”，并且从今以后，为×××（你所在城市或乡镇）的人民打造没有抱怨的一天，帮助其为感恩日做好准备。

新闻稿样本

可即时发布

联系人：你的名字

电话：你的电话号码

邮箱：你的邮箱

网址：www.AComplaintFreeWorld.org

城市/乡镇宣布将感恩节前一天定为

不抱怨的周三

市长的名字市长以及城市/乡镇议会决定，与其他城市一道，将感恩节前一天定为“不抱怨的周三”。

抱怨的对立面是感恩。感恩就是对你拥有之物表示感谢，而抱怨就是对你未拥有之物表示不满。

在真正懂得感恩之前，我们首先得做到不抱怨。这就是为什么我们要将全国性感恩日的前一天定为“不抱怨的周三”。

抱怨让我们将注意力集中在手头的问题上，而不是寻找解决问题的答案上。

正如美国禁烟运动成功推动、鼓励全体烟民一天不吸烟，以此提高了公众对吸烟危害的认识、激励了许多烟民戒烟一样，把感恩节前一天定为“不抱怨的周三”，能帮助人们注意到自己平日是多么经常抱怨，以此鼓励他们迈出不抱怨的第一步。

如果我们不把注意力投注到现存的问题上，而是共同找到解决问题的方法，城市/乡镇能取得多少成就呢？这就是“不抱怨的世界”活动背后的深意。《奥普拉脱口秀》《今日秀》、ABC《晚间新闻》、福克斯新闻频道、《新闻周刊》《华尔街日报》《心灵鸡汤》都曾对“不抱怨的世界”进行过报道。

想了解更多相关信息，请拨打你的电话号码，咨询你的名字。

想要获得更多“不抱怨的世界”的信息，请登录：www.AComplaintFreeWorld.org；你也可以拨打电话（816）258-1288，或者发送邮件到Will@AComplaintFreeWorld.org，联系威尔·鲍温。

致谢词

首先，我要感谢汤姆·欧益，感谢他在过去五年中不辞辛劳，无偿为《不抱怨的世界》一书进行宣传推广。感谢马娅·安杰卢博士的灵感创意与聪明才智。感谢约翰·格拉德曼无私贡献自己的时间与卓越的摄影、设计才华。感谢安妮塔·威克森真挚的友谊，以及对不抱怨活动长久以来的支持和关注。感谢莎伦·温宁汉、格雷格及唐纳·贝尔给予的爱与支持。感谢罗宾·柯瓦斯基，她的实验研究为不抱怨的生活方式提供了科学依据。感谢 Level 5 传媒的史蒂夫·汉塞尔曼，他是我的文学经纪人，同时也是我的朋友。感谢皇冠出版集团/双日出版集团长久以来对我的支持。感谢马蒂·李为本书介绍的方法进行示范。感谢数不胜数的志愿者帮助我们打包、邮寄千百万只不抱怨手环。感谢所有为“不抱怨的世界”项目捐款的人，不论捐款数额是大是小，我都深深地感谢你们。

并且，谢谢你们，我亲爱的读者，谢谢你们愿意接受一种全新的生活模式，并以此唤醒、改变我们的世界。

与我们联系！

不　抱　怨　的　世　界

网站：www. AComplaintFreeWorld.org

Facebook主页：Facebook.com/AComplaintFreeWorld

Twitter：@ACFW60Million

今天就访问我们的网页，索取你自己的不抱怨手环吧！